쓰는 운명

쓰는 운명
이상, 김수영

사주명리로 다가간 작가의 생애

박민재

봄꽃 여름숲
가을열매 겨울뿌리

일러두기

1 한글 맞춤법, 표준어 규정, 외래어 표기법 등을 최대한 따랐으나, 내용을 설명하는 과정에서 좀 더 다양한 표현이 필요하다고 판단한 경우에는 규정을 따르지 않았음을 밝혀둡니다.
2 공연, 방송 프로그램, 영화, 책 등의 이름을 표기할 때는 〈 〉로 통일하였습니다.

지은이의 말

어떤 순간

그런 순간이 있지요. 누군가를 알고 싶은 순간, 어떤 사람을 정말 제대로 한번 이해하고 싶어지는 순간, 대상이 품고 있는 내밀한 기운과 마주치고 싶은 순간 말입니다.

그런 순간을 만나면 우선 그가 남긴 흔적을 들춰보게 되지요. 내가 관심 두는 사람이 작가라면 당연히 그의 작품을 읽어야 하겠지요. 작품 속에는 작가의 많은 것이 담겨 있으니까요. 편지나 일기도 찾아볼 겁니다. 일상에서의 태도나 자세를 엿볼 수 있으니까요.

그러고 난 다음은 인물에 대한 많은 정보를 제공하는 전기나 평전을 찾아 읽을 겁니다. 일생을 좀 더 꼼꼼히 살펴보기 위해서겠지요. 전기나 평전을 탐독하고 나면 작품만 접했을 때보다는 한 사람을 보다 객관적으로 이해할 수 있습니다.

운명적 물음

그런데 전기나 평전은 어떤 인물이 '어떻게 살았나?'에 비중을 둡니다. '왜?' 혹은 '왜? 그렇게?'를 설명하기는 어렵습니다. 물론 어떤 인물이 어떤 선택이나 결정을 했을 때 그것에 따라붙는 이유나 원인을 '왜?'라는 방식으로 얘기하기는 합니다. 그러나 그건 그 인물이 간직한 '왜?'가 아닙니다. 인물의 생애를 관통하는 운명적 질문인 '왜?'는 아닙니다. 운명에 내장된 '왜'를 이해하려면, 어떤 인물의 내면에 도달하려면 그의 운명(생년월일시)을 파고들어야 합니다.

   한 사람의 연월일시를 분석하면 그의 외부와 내면을 알 수 있습니다. 그때 그는 왜 그런 일을 할 수밖에 없었는지, 왜 사태 속으로 휩쓸려 들어갔는지 두루 파악할 수 있습니다.

운명 에세이

   이 책은 두 사람의 업적을 찬미할 목적으로 쓴 전기도 아니고 작품을 어떻게 읽었다는 독후감도 아닙니다. 그저 존재로 태어나 살기 위해 발버둥 쳤던 인간, 애쓰고 노력했으나 살아있는 동안에는 별로 누린 게 없었던 사람의 운명을 얘기한 운명 에세이입니다. 이 책에는 한 사람이 태어나는 시작의 순간부터 세상을 하직하는 마지막 순간까지 사주명리로 분석한 세세한 이야기가 담겨 있습니다.

이상과 김수영이라는 조합

   둘을 묶은 데에는 이유가 있습니다.

   오행(木火土金水) 중 水를 간절하게 원하는 운명으로 태어났다는 것입니다. 이상은 빛나는 보석, 광택이 있는 장신구입니다. 원광석의 단계를 벗어난 金이지요. 보석은 물이 필요합니다. 깨끗이 씻어내야 하니까요. 김수영은 木입니다. 반듯하게 솟아오르고 싶은 곧은 나무입니다. 나무가 태양을 향해 줄기와 가지를 뻗어내려면 뿌리에서부터 수가 원활히 공급돼야겠지요.

   두 사람은 기질이나 정체성이 같지 않습니다. 하나는 금이고 하나는 목이니까요. 그러나 필요로 하는 요소가 정확히 일치하기에 즉 水를 간절히 기다리는 운명이기에 함께 이야기하기로 했습니다. 둘의 운명을 나란히 놓으면 흥미로운 비교가 될 거라 판단했습니다.

저는 운명을 탐구하는 연구자입니다. 철학관을 차려놓고 운명을 감정하는 감정가도 아니고 사람들 앞에 나서서 강의하는 사람도 아닙니다. 그저 제가 관심 있어 하는 사람들, 이를테면 화가나 작곡가, 시인이나 소설가의 생애를 분석하는 일에 즐거움을 느끼는 사람일 뿐입니다. 다만 운명이라는 것을 생각하며 흘려보낸 시간이 제법 되다 보니 자료 또한 약간 쌓여 글을 쓰게 되었지요.

이 책은 운명을 보는 방법을 안내하는 책입니다. 음양5행과 10간12지를 어느 정도 이해하고 있지만 그걸 운명에 어떻게 적용하는지 잘 모르는 사람이 읽으면 좋습니다.

책의 구조

책은 2개의 부로 돼 있습니다.

1부, '운명방정식'에서는 운명이 뭔지 어떻게 짜여있는지 설명합니다. 사주(내가 태어난 생년월일시)가 왜 4대(선조와 부모, 나와 자식)가 머무는 집인지, 그 사주에 깃드는 10간과 12지에는 어떤 게 있는지 짚어봅니다. 또 연월일시에 움직임을 일으키는 육친도 훑어봅니다. 1부는 출판사에서 제공한 자료로 꾸몄습니다.

2부, '운명을 살다'에서는 먼저 운명방정식을 푸는 과정을 4단계로 나누어 소개합니다.

1단계에서는 연월일시를 채우는 요소들의 음과 양의 비율을 따집니다. 2단계에서는 사주 안에서 일어나는 움직임과 관계성(육친)을 살핍니다. 3단계에서는 사주의 정체성을 탐색합니다. 마지막 4단계에서는 부족한 오행을 찾아내 사주의 균형을 맞춰줍니다.

이 과정이 끝나면 人生의 사계절이라 할 수 있는 대운(大運)을 살핍니다. 4단계로 접근한 운명이 대운을 통해 어떻게 전개되는지 알 수 있습니다. 운명방정식으로 운명의 구조를 이해했으니 대운을 통해 인물의 인생행로도 함께 따라가 보는 것이지요.

이상과 김수영의 인생을 운명방정식, 대운, 연운까지 대입해 분석하다 보면 이상은 왜 김해경을 벗어나 이상으로 건너가 버렸는지 이해할 수 있습니다. 또 김수영은 왜 자기 정당화가 안 되는 인물인지, 왜 자기를 처벌하는 작품을 쓰는지 알 수 있습니다.

운명 분석은 존재를 귀하게 만드는 작업

작가의 사주를 분석한 이 글이, 그러니까 운명이라는 잣대로 작가의 생애를 이해해보려는 저의 시도가 좀 생소하게 느껴질 수 있습니다. 특히 작품으로만 작가를 이해하려는 분들에게는 더욱 낯설 겁니다.

어떤 사람의 운명을 이해하는 건 한 사람이 치열하게 살아낸 시간을 하나하나 들춰가며 고귀한 것을 발견해내는 과정입니다. 운명을 분석하는 일은 존재를 귀하게 만드는 작업입니다.

이 글을 쓰는 내내 저는 이상이라는 운명, 김수영이라는 운명과 수도 없이 마주쳤습니다. 그러면서 그들의 운명에서 발견되는 것은 그 어떤 것도 놓치지 않으려 노력했습니다. 그리고 생애의 어느 한구석도 상상이나 추측으로 채우지 않으려 신경을 썼습니다. 오직 연월일시가 제공하는 요소들에 의지해 그들의 삶을, 인생을, 시절을 해석하려 애썼습니다.

바라건대, 작가의 운명을 설명하는 이 방식이 한 사람의 일생을 요약하려는 것이 아님을 알아주셨으면 합니다. 그저 어떤 사람의 인생을 운명이라는 시선으로도 이해할 수 있구나, 하고 생각해주시면 좋겠습니다.

문학평론가 = 운명해석자

운명에 다가가는 사람의 자세는 문학작품을 대하는 평론가의 태도와 비슷합니다. 평론가가 작품을 앞세우듯 운명을 해석하는 사람도 연월일시를 앞세웁니다. 문학평론가는 글을 쓴 사람이 미처 생각하지 못한 의미의 사슬을 발견하고 그것을 소중히 다루는 사람이지요. 운명을 해석하는 사람도 그렇습니다. 연월일시에 근거해 인물 안에 갇혀있는 이야기, 튀어나오고 싶어 하는 의미를 구출하려는 것이지요.

운명은 한 사람을 제대로 이해하는 멋진 도구입니다.

삶이라는 여정은 수많은 점의 행렬

어쩌면 삶은 수많은 점의 집합인지도 모릅니다. 마침표, 쉼표, 가운뎃점 같은 무수한 문장 부호로 이루어진 행렬인지도 모릅니다. 生을 시작하는 시작점과 生을 마치는 마침표 사이에는 당연히 모양이 다양한 여러 개의 점이 이어지겠지요.

 그런데 생애라는 시간, 삶이라는 여정은 사람마다 다르게 전개됩니다. 누군가는 시작점을 놓고 가운뎃점도 풍성하게 확보한 후, 마침표까지 제대로 찍는 삶을 만들고 떠납니다. 또 누군가는 시작점을 놓고 멋진 가운뎃점을 찾기 위해 분주히 움직이는 그 순간, 그만 마침표가 들이닥치기도 합니다.

 이상은 27세에, 김수영은 47세에 세상을 떠났습니다.

 시작점만 찍고 그냥 삶이 끝나버린 것 같은 이상, 시작점도 찍었고 서로 다른 중간의 점도 몇 개 놓았지만, 마침표를 제대로 찍지는 못한 것 같은 김수영. 이제 이 두 사람의 운명을 살펴보겠습니다.

 부디 2개의 운명방정식을 통해 독자 여러분도 내밀한 자신의 운명을 사색하실 수 있기를 기원합니다.

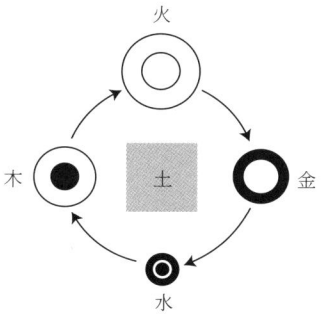

차례

지은이의 말

1부 | 운명방정식

명식, 운명방정식

四柱, 4대가 머무는 집   24

네 기둥과 여덟 글자   24
사주팔자에 들어가는 10간과 12지
60갑자
연월일시 건축물

간단히 확인하는 10간 12지   30

10간의 유래   30
10간은 서로 이어져 있다
갑목(甲木) : 타협하지 않는 꼿꼿한 선구자
을목(乙木) : 여러 갈래로 뻗어가는 유연한 협상자
병화(丙火) : 자신의 빛으로 세상을 밝히는 자원봉사자
정화(丁火) : 미세한 영역을 속속들이 드러내는 발견자
무토(戊土) : 터전을 제공하고 중용을 가르치는 공간
기토(己土) : 생명이 깃들 수 있는 부드러운 공간
경금(庚金) : 변화방향을 돌려놓기 위해 등장한 뻣뻣한 전사
신금(辛金) : 정리하고 정돈하는 분리수거의 달인

임수(壬水) : 기억과 정보를 싣고 새로운 세계로 나아가는 전령
계수(癸水) : 생명을 배양하는 생명천사

12지와 지장간 35

인목(寅木)

묘목(卯木)

진토(辰土)

사화(巳火)

오화(午火)

미토(未土)

신금(申金)

유금(酉金)

술토(戌土)

해수(亥水)

자수(子水)

축토(丑土)

관계의 바다, 육친六親 41

인성印星, 나(일간)를 후원해주는 든든한 지지자 42

인성의 순기능

인성의 역기능

비겁比劫, 협력하는 동지 & 방해하는 경쟁자 44

비겁의 순기능

비겁이 많을 때의 역기능

식상食傷, 속마음을 표현하는 나의 분신　45

　식상의 순기능

　식상과 직업

　식상의 역기능

재성財星, 미지의 세계, 원더풀 라이프　49

　재성의 순기능

　재성의 역기능

관성官星, 성찰하고 헤아리고 돌아보는 능력　53

　관성의 순기능

　관성의 역기능

2부 | 운명을 살다

이상 李箱, 갇힌 나와 열린 나

운명방정식, 이렇게 푸세요 61

음과 양의 비율을 가늠합니다 61
수와 화
금과 목
토
음양의 균형에서 나온 결론

육친을 적용합니다 65
인성
비겁
식상
재성
관성
육친에서 얻은 결론

일간을 탐색합니다 75
水가 꼭 필요한 신금

부족한 오행이 무엇인지 판단합니다 76
水와 火의 관계
金과 木의 관계
용신(구세주 오행)은 水

대운大運, 人生의 사계절　79

대운진입 전　79

병술丙戌대운 (가을대운의 끝) : 6세에서 15세까지 (1916~1925)　80
과정
그는 왜 그림부터 그렸을까

정해 무자 기축丁亥 戊子 己丑으로 이어가는 30년 겨울대운　82
화토가 지배하는 천간
일간을 휘감은 기운

정해丁亥대운 (겨울대운 시작) : 16세에서 25세까지(1926~1935)　84
과정 1
야속한 연운
폐결핵
과정 2

무자戊子대운 (겨울대운 한복판) : 26세 ~ 35세 (1936~1945)　88
과정
결함 많은 명식
자기 소임을 이행한 사람
생애, 할 수 있는 것들을 해야 하는 시간

김수영 金洙暎, 나를 감시하는 나

운명방정식, 이렇게 푸세요 95
음과 양의 비율을 가늠합니다 95
수와 화

금과 목

목의 상황

토

음양의 균형에서 나온 결론

육친을 적용합니다 99
인성

비겁

식상

식상의 순환

재성

관성

육친에서 얻은 결론

일간을 탐색합니다 112
直의 성정

부족한 오행이 무엇인지 판단합니다 113
水와 火의 관계

金과 木의 관계

구세주 오행은 水와 木

대운大運, 人生의 사계절 115

대운진입 전 115
일간을 일으켜 세운 연운

무술 정유 병신戊戌 丁酉 丙申으로 이어가는 30년 가을대운 117

무술戊戌대운 (가을대운의 끝) : 7세~16세 (1928~1937) 117
과정 1
토의 습격
土를 막은 水
과정 2
학교 진학

정유丁酉대운 (가을대운의 절정) : 17세~26세 (1938~1947) 122
과정 1
재능 발견
과정 2
관성과 인성의 부조화

병신丙申대운 (가을대운의 입구) : 27세~36세 (1948~1957) 125
丁화와 丙화의 차이
酉금과 申금의 차이
과정 1
김수영과 김현경
김수영과 재성의 관계
위태로운 일간
과정 2

과정 3

수의 작용

과정 4

묘목의 위력

과정 5

과정 6

어수선한 시간

과정 7

황폐한 목

과정 8

되찾은 일상

을미 갑오 계사乙未 甲午 癸巳로 이어가는 30년 여름대운   139

세상과 독자를 매개하고 싶은 나무

연운과 대운

을목의 정서를 호흡하는 일간

과정 1

예술가의 현실 개입

과정 2

과정 3

에너지의 고갈

갑오甲午대운 (여름대운의 절정) : 47세~56세까지 (1968~1977)   151

흔들리는 운명

과정

마지막 하루

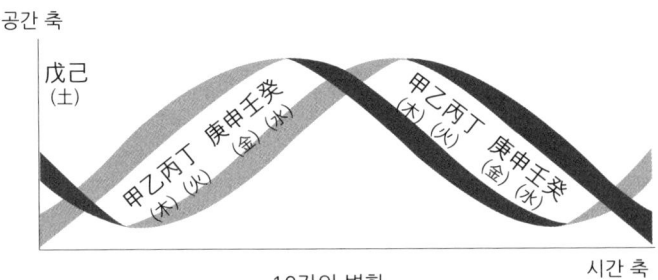

1부 | 운명방정식

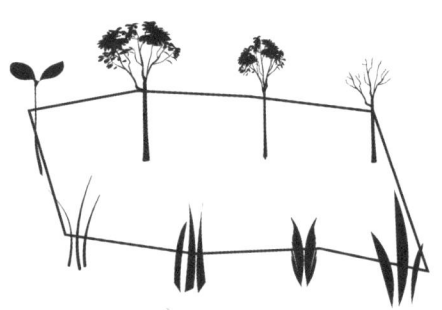

명식, 운명방정식

존재로 태어나면 누구나 자신만의 고유한 연월일시를 갖습니다.
그것을 네 개의 기둥이라는 뜻으로 사주四柱라 합니다.
명식, 운명, 명이라고도 일컫습니다.

네 개의 기둥은 아래와 같습니다.

年의 기둥을 연주年柱
月의 기둥을 월주月柱
日의 기둥을 일주日柱
時의 기둥을 시주時柱라 합니다.

사주팔자라는 말의 四柱가 바로 네 개의 기둥이었군요.

四柱, 4대가 머무는 집

네 기둥과 여덟 글자

사주는 확인했고 이제 팔자도 찾아봐야겠군요.

'천간과 지지'라는 말은 들어보았지요? 줄여서 그냥 간지라고도 합니다. 천간을 구성하는 요소는 열 개가 있습니다. 그것을 10간이라 부릅니다. 지지를 구성하는 요소는 열 두 개가 있습니다. 12지라 일컫지요.

10간은 甲乙丙丁戊己庚辛壬癸입니다.

12지는 子丑寅卯辰巳午未申酉戌亥입니다.

10간과 12지가 결합하면 60개의 年이 나오고 그것을 60갑자라 부릅니다. 올해는 丙申년이지요. 여기서 병은 천간에 속하고 신은 12지에 속합니다. 아하! 우리가 年을 말할 때 앞에 나오는 건 10간이고 뒤에 따라오는 건 12지군요. 사주팔자에서도 위층을 담당하는 건 10간이고 아래층을 채우는 건 12지입니다.

우리가 태어나는 순간 갖게 되는, 네 기둥(사주)과 여덟 가지 방(팔자)도 10간과 12지 안에 모두 있습니다. 사주와 팔자를 10간과 12지가 채우는 것이지요. 10간과 12지를 제대로 탐구하면 운명의 밑그림을 이해할 수 있습니다.

그럼 10간과 12지에는 어떤 내용물이 있는지 살펴봅시다.

사주팔자에 들어가는 10간과 12지

10개의 天干 : 위층

甲, 乙, 丙, 丁, 戊, 己, 庚, 辛, 壬, 癸
(갑 을 병 정 무 기 경 신 임 계)

천간에 등장하는 10개의 요소를 양과 음으로 나누면 이렇습니다.
甲丙戊庚壬 - 양, 乙丁己辛癸 - 음

12개의 地支 : 아래층

子, 丑, 寅, 卯, 辰, 巳, 午, 未, 申, 酉, 戌, 亥
(자 축 인 묘 진 사 오 미 신 유 술 해)

지지를 담당하는 12개를 양과 음으로 나누면 이렇게 됩니다.
子寅辰午申戌 - 양, 丑卯巳未酉亥 - 음

60갑자

　60갑자라고 얘기했으니 혹시 60개의 한자를 익혀야 하는 것으로 오해한 분도 계실지 모르겠네요. 에이 설마요? 그럴 일은 없으니 안심하시기 바랍니다. 60갑자가 60가지 해(年)를 일컫는 건 맞습니다. 그렇다고 60개의 한자가 나오지는 않아요. 그럼 서로 다른 60개의 해는 어떻게 나올까요?

　10간과 12지지가 만나면 60개의 年(60가지의 다양한 건물)을 만들 수 있습니다. 10간과 12지가 서로 어울려 60개의 기운을 뿜어냅니다. 10과

12의 공배수가 60인 건 잘 알고 계시지요?

우리가 태어난 해도 60가지 年 중에 하나일 것입니다. 사주가 팔자가 되는 건 우리의 생년월일시를 천간과 지지로 구분했기 때문입니다. 기둥의 윗부분은 간이 되고 아랫부분은 지가 됩니다.

여기서 연은 연간과 연지, 월은 월간과 월지, 일은 일간과 일지, 시는 시간과 시지로 구성됩니다. 네 개의 기둥에서 여덟 개의 요소로 바뀌었지요. 이것이 팔자입니다. 운명을 구성하는 여덟 가지 요소라는 뜻이지요.

연월일시 건축물

사주는 연월일시라는 4단계로 되어있습니다. 연월은 지구 공전에서 결정되고 일시는 지구 자전에서 나옵니다. 연월이 일시에 영향을 미치는 형태입니다. 인식의 주체인 일간(나)은 공전의 영향을 받은 자전의 움직임입니다. 그럼 연월일시의 관계, 사주의 구조를 살펴봅시다.

	시	일	월	연
간	辛	辛	乙	庚
지	卯	卯	酉	戌

사주 (뿌리, 줄기, 꽃, 열매)

근根 – 年의 기둥, 연주年柱

묘苗 – 月의 기둥, 월주月柱

화花 – 日의 기둥, 일주日柱

실實 – 時의 기둥, 시주時柱

연주는 할아버지, 할머니를 비롯한 윗대의 조상이 만든 결과입니다.
월주는 부모가 형성하는 기운입니다.
일주는 일간[01]과 배우자가 함께 엮어나가는 기운입니다.
시주는 일간이 지향하는 목적지입니다. 인생 후반부의 삶을 알 수 있습니다.

연주年柱

연은 우리가 보통 띠로 알고 있는 곳입니다. 사주의 기본 뿌리입니다. 선조들의 환경이 나타나는 곳입니다. 조상의 신분, 생활 근거지, 일간이 태어나기 전의 상황, 태어나고 자랄 때의 형편까지도 알 수 있습니다.

연주는 영향력을 미치는 시간이 아주 깁니다. 일생동안 이어집니다. 물론 일간이 성장해가면서 연주의 기운이 점차 약해지는 건 분명하지만 완전히 단절되지는 않습니다. 연은 사주에서 첫 번째 등장하는 관문입니다. 집으로 치면 대문입니다. 대문을 통과하지 않으면 집 안으로 들어

---

01   일간은 생각하고 판단하는 '나'를 말합니다. 사주팔자에서 '나'는 일주에서 나옵니다. 구체적으로는 일주의 천간, 일간이 '나'입니다. 일간은 생각하고 판단하는 '인식의 주체'입니다.

갈 수 없습니다. 그 집의 사정도 알 수 없지요. 결혼할 때 띠를 중시하는 것도 이유가 있습니다. 서로 다른 환경에서 커온 남녀가 가정이라는 구조물을 잘 만들기 위해서는 각자의 대문을 잘 통과하는 것에서부터 문제가 없어야 한다는 생각이 깔렸기 때문입니다.

월주月柱

월령月令이라고도 합니다. 연주에서 가지를 뻗어 나온 기운입니다. 부모가 조성한 가정환경을 알 수 있습니다. 계절의 힘이 작용하기 때문에 개인의 운명에 가장 큰 영향을 끼칩니다. 일간이 부모로부터 독립해 독자적 힘을 갖게 될 때까지는 영향력이 이어집니다.

연주가 시간적으로 길게 이어지는 구속이라면 월주는 실질적 구속력을 행사합니다. 아버지, 어머니, 형제자매와의 인연도 월주에서 드러납니다. 월주를 보면 일간이 자랄 때의 가정 분위기와 가문의 영향도 짐작할 수 있습니다.

일주日柱

일주는 정체성이 결정되는 곳이며 인식의 중심을 이루는 곳입니다. 선택하고 판단하고 결정하는 인식의 주체, 일간이 있기 때문이지요. 일지(일의 지지)는 배우자의 자리입니다. 일지를 보면 배우자의 환경을 알아볼 수 있습니다. 일주에서는 부부가 함께 만들어가는 가정의 분위기를 느낄 수 있습니다.

시주時柱

시주는 일주가 지향하는 최종 목적지여서 말년과 깊은 연관이 있습니다. 관계로 보면 아들, 딸, 아랫사람, 인생의 후반부에 만나는 사람 등을 의미합니다. 시주를 살펴보면 나이가 들었을 때의 삶을 알 수 있습니다. 또 일간이 세상을 떠난 후 후손이 펼쳐가는 삶의 행로도 짐작할 수 있답니다.

인생 전반부는 부모의 보호 아래 성장하는 과정이라 연월의 지배력에 좌우됩니다. 후반부는 결혼을 하고 자식을 낳고 한 가정을 잘 이끌어야 하기에 일과 시가 위력을 발휘합니다.

간단히 확인하는 10간 12지

좀 전에 운명의 밑그림을 이해하려면 10간과 12지를 탐구해야 한다고 했습니다. 그러면서 10간과 12지에 어떤 것들이 들어있는지만 살폈습니다. 이제 사주팔자를 채우는 간과 지를 봐야할 텐데요. 여기서는 간지를 처음부터 끝까지 완전히 파헤치지는 않을 겁니다.

이 책은 10간과 12지를 어느 정도 파악하고 있지만 사주에 적용하는 방법을 몰라 안타까워하는 분들을 위해 나왔습니다. 그렇다고 10간 12지를 아예 언급하지 않으면 아쉬워할 분도 계실 테니 10개의 간과 12개의 지지를 각각 한 두 문장 정도로 설명하고 가겠습니다. 간지가 생소한 독자는 꼭 10간과 12지 부분을 보충[02]하시기 바랍니다.

10간의 유래

10간은 5행(목화토금수)에서 나왔습니다.

10간은 목화(갑을, 병정)와 금수(경신, 임계)로는 시간의 변화를 표현하고 토(무, 기)를 통해서는 공간의 수축과 팽창을 드러냅니다. 10간은 시간과 동일하다고 할 수는 없지만 시간적 요소가 잠시도 쉬지 않고 작용하므로 시간 코드로 보아도 큰 문제는 없습니다. 다만 시간 에너지가

---

[02] 간지를 이해하다 보면 음양에서 오행으로 변화하는 단계, 오행에서 10간과 12지로 발전하는 과정을 알 수 있습니다. 운명이 뭔지, 어떻게 작동하는지 이해하고 싶은 분들은 〈운명의 발견〉, 〈쉽게 풀어쓴 운명〉을 읽어보시기 바랍니다.

충돌을 일으키지 않고 잘 연결될 수 있게 공간도 수축과 팽창을 통해 시간의 변화에 발맞추는 정도로 이해하면 좋겠습니다.

이것저것 함께 생각하는 것이 귀찮다 싶으면 그냥 시간 코드로만 기억하기 바랍니다.

10간은 서로 이어져 있다

10간을 보기 전에 한 가지 일러둘 게 있습니다. 열 개의 천간이 딱딱 끊어져 있는 게 아니라는 것입니다. 각각의 요소들이 순차적 흐름으로 이어져있지요. 열두 개의 지지도 마찬가지입니다.

오행의 변화 과정도 그렇습니다.

수에서 목으로 변화하고 그 목이 다시 화로 이어집니다. 토는 화를 수렴해 금으로 나아갑니다. 금은 다시 수로 이어지고 수는 또 목으로 연결되면서 끊임없는 순환이 일어나는 것이지요.

시간성을 표현하는 10간도 그렇습니다.

갑목이 을목으로 변하고 을목이 병화로 진행하는 일련의 과정이 단절된 것이 아니라 연속성을 띤다는 점을 꼭 기억하기 바랍니다. 이제 10개의 간을 차례로 보겠습니다.

갑목(甲木) : 타협하지 않는 꼿꼿한 선구자

갑목은 위를 향해 곧게 올라갑니다.

강하게 치솟는 생명 에너지입니다.

을목(乙木) : 여러 갈래로 뻗어가는 유연한 협상자

을목은 상하좌우로 뻗어나갑니다.

부드럽고 섬세한 생명 에너지입니다.

직선 형태의 甲이 환경에 적응하는 과정에서 곡선의 乙로 전환되었습니다. 바르고 곧기만 했던 처음의 모습에서 구부리기도 하고 휘기도 하면서 생장에 대한 강한 의지를 나타내는 것이지요.

병화(丙火) : 자신의 빛으로 세상을 밝히는 자원봉사자

태양과 같은 병화는 넓은 공간을 비추고 대상을 훤히 드러냅니다.

순식간에 사방으로 퍼져나가는 에너지입니다.

정화(丁火) : 미세한 영역을 속속들이 드러내는 발견자

병화의 빛이 한 곳으로 모이는 과정에서 정화가 되었습니다. 병화에 비해 에너지가 약화된 것처럼 보이지요? 공간적으로 축소되었을 뿐 대상에 대한 집중력은 오히려 강해졌습니다.

무토(戊土) : 터전을 제공하고 중용을 가르치는 공간

광활하고 마른 땅입니다. 멈추어 쉬며 조정하는 기운입니다.

활동을 멈추고 쉬고 있는 무토는 광활한 대지와 같습니다. 木火金水가 깃들 수 있는 안정된 그릇 역할을 합니다.

기토(己土) : 생명이 깃들 수 있는 부드러운 공간

생명이 기댈 수 있는 부드러운 흙입니다.

우리가 살아가는 일상의 공간입니다.

경금(庚金) : 변화방향을 돌려놓기 위해 등장한 뻣뻣한 전사

수축하는 기운입니다.

매끄럽지 못한 원광석에 비유하기도 합니다.

10간의 변화를 보면 갑을병정에서 팽창이 일어난 후, 무토와 기토에서 잠깐 멈추어 쉽니다. 경금에 이르면 갑작스러운 수축이 일어납니다. 처음 경험하는 수축과정이다 보니 딱딱하게 굳어 있습니다. 찬찬히 뜯어보면 경금은 어딘가 어설픈 구석이 있어 보입니다.

경금은 원광석과 비슷합니다. 겉모습은 강해보이지만 정교하거나 치밀하지는 않습니다. 유익한 연장이나 도구가 되려면 불로 연단하고 물로 씻어내야 합니다.

신금(辛金) : 정리하고 정돈하는 분리수거의 달인

여러 방향에서 정교하게 일어나는 제어작용입니다.

빛나는 보석, 결실을 이룬 열매와 같습니다.

투박하고 엉성했던 경금이 날카롭고 예리한 辛金이 되는 과정은, 甲목이 乙목이 될 때 보았던 단계와 비슷한 점이 있습니다. 경금이 불 속에서 단련을 마치고 나와 물로 말쑥하게 단장까지 끝낸 단계가 辛금인 셈입니다. 원광석이 보석으로 거듭난 것이지요.

임수(壬水) : 기억과 정보를 싣고 새로운 세계로 나아가는 전령

압축돼 있던 에너지가 움직입니다. 유동성이 중요한 임수는 물이 고여 드는 강이나 호수, 출렁이는 바다에 비유합니다.

계수(癸水) : 생명을 배양하는 생명천사

흐름이 약해진 에너지입니다. 습지의 물, 진액(생명현상을 불러오는 액체)에 비유합니다.

임수는 유연성을 자랑하며 흐르는 물이라면 계수는 유기체에 스며들어 성장과 활동을 돕는 물입니다. 계수는 생명체의 욕구를 세밀하게 도와줍니다.

12지와 지장간

12지도 5행(목화토금수)에서 나왔습니다.

12지는 토를 중심으로 12방위로 분산된 공간입니다.

열두 개의 지지는 寅 卯 辰(봄)/ 巳 午 未(여름)/ 申 酉 戌(가을)/ 亥 子 丑(겨울)입니다. 사주에서 위층을 차지하는 10간은 기운이 단순했지요. 아래층에 들어가는 12지는 좀 복잡합니다. 10간의 기운 2~3개가 각 지지에 스며듭니다. 이처럼 12지 속에 깃든 10간을 지장간地藏干이라 합니다. 지장간은 숨을 들이쉬고 내뱉는 호흡작용에서 생깁니다.

목화금수로 이어가는 계절의 변화는 지구의 흙이 숨을 쉬는 활동입니다. 토를 중심으로 팽창하는 木火와 수축하는 金水의 순환이 일어나는 것이지요.

이제 12개의 지지를 보겠습니다.

인목(寅木)

생명이 튀어 오를 준비를 하는 곳

태양이 떠오르는 골짜기 숲

寅은 생명의 기운이 태어나는 곳입니다. 태양의 빛 병화와 생명의 기운 갑목, 광활한 대지 무토가 깃들어 있습니다. 계절로는 초봄에 해당하고 하루로 따지면 새벽입니다. 인목에서는 이른 봄의 찬 기운과 새벽녘의 쌀쌀함을 느낄 수 있습니다. 생명이 활짝 꽃을 피우려면 좀 더 기다려야 합니다.

묘목(卯木)

　　생기발랄한 생명의 공간

　　풀과 꽃으로 뒤덮인 초원

생명의 기운이 확장되는 곳입니다. 묘는 갑목과 을목을 품고 있습니다. 가늘게 늘어지며 고운 자태를 보이지만 굳센 생명력도 지녔습니다. 묘목에서는 생명의 아름다움과 강인함을 발견할 수 있습니다.

묘목의 기운을 타고 난 사람들은 그림을 그리고 글을 쓰고 디자인을 하는 등 섬세함과 창의성이 요구되는 분야에서 재능을 발휘합니다.

진토(辰土)

　　생명체의 욕구가 깃든 곳, 남아있던 물이 고여 생긴 늪지

　　원대한 포부와 야망이 숨어있는 땅

토는 대상을 너그럽게 받아들이는 포용성은 있지만 감정을 세세하게 읽어내기는 어렵습니다. 12지에서 토는 4곳을 차지했습니다. 흥미로운 건 4개(辰, 未, 戌, 丑)의 토가 분위기나 기질에서 다르다는 것이지요. 辰에는 癸수가 스며있어 생명에게 자양분을 공급합니다.

사화(巳火)

　　축제를 즐기지만 앞날에 대한 계획도 세우는 곳

　　화려함을 추구하지만 이득을 따진다.

巳에는 사방으로 퍼져나가는 병화, 수축하는 경금, 넓은 터전 무토가

있습니다. 발산하는 병화가 있어 호화스럽지만 뻣뻣한 경금이 있어 마냥 멀리 나갈 수는 없습니다.

오화(午火)

열정으로 불타오르는 곳, 순수함이 극에 달한 지점

빛이 선사한 알록달록 문명천국, 뜨거운 현장 한가운데

오화는 12개의 지지 중, 열기가 제일 많은 곳입니다. 午火는 영상매체, 디지털 장비, 첨단 과학기술 분야에서 빛을 발합니다.

미토(未土)

木火의 결과물을 쌓아두는 곳, 지식과 정보가 보존되는 곳

정신적 산물을 바탕으로 다양한 활동이 일어나는 곳

金과 水가 물질을 기반으로 한 무거운 기운이라면 木火는 가볍고 경쾌한 정신적 기운입니다.

未土는 가벼운 기운들을 모아 무거운 기운으로 전환할 수 있습니다. 미토에는 기토, 정화, 을목이 들어있습니다. 기토는 사람의 발이 쉽게 닿을 수 있는 흙, 정화와 을목은 느끼고 생각하는 정신의 기운, 관계와 교류가 발생하는 시설과 관련이 있습니다. 지식과 정보를 제공하는 교육시설, 교환과 거래가 발생하는 상업시설, 공연과 전시가 이어지는 문화예술 공간도 미토의 특성이 발휘된 곳입니다.

신금(申金)

　　정리와 정돈이 시작되는 곳, 봄여름의 결과물을 검사하는 곳

　　팽창에서 수축으로 기세가 바뀐다.

申은 구분하고 분리하는 기운입니다. 신에서는 반듯하게 구획되고 다듬어진 도시의 모습을 느낄 수 있습니다. 정비된 도로망이나 시설물, 공업단지 등 짜임새 있는 도시건축물은 신금의 역량이 발휘된 것이지요. 상황에 따라서는 목을 압박하기도 합니다.

유금(酉金)

　　냉혹한 평가를 내리는 감독관이 머무는 곳

　　합리, 절제, 냉철함이 작동한다. 단단한 결실이 들어차는 곳

유금(酉金)에는 庚금과 辛금이 깃들어 있습니다. 申에서는 압박의 분위기만 맛보았지요. 酉는 생명력을 발휘하는 목을 향해 날카로운 칼날을 들이댑니다. 목의 입장에서는 유금이 원망스럽겠지요. 적절한 제어능력으로 잘 발휘된 유금의 능력은 무시할 수 없습니다. 금융이나 유통에 이용되는 첨단장비, 산업현장에서 사용되는 정밀기계, 정교한 의료기기 등도 유금의 기운이 반영된 물적 요소들입니다.

술토(戌土)

　　지나온 시간을 돌이켜보는 사색의 공간

　　가을걷이가 끝나고 텅 비어 있는 땅, 삶의 의미를 생각하는 곳

메마른 술토는 생산 활동이 일어나기 어려운 곳입니다. 사람이 살지 않는 변방의 땅, 거친 산, 사막, 넓은 고원으로 볼 수 있지요. 옛사람들은 술토를 관념의 세계, 현실 밖의 정신세계, 사후 세계와 연결시켰습니다.

기술이 발전하면서 술토의 처지도 달라졌습니다. 대규모로 조성된 공업단지, 강이나 바닷물을 막는 댐, 도시와 도시를 잇는 고속도로, 광산, 터널 등 기간산업시설로 변모하고 있습니다.

해수(亥水)

생명에너지가 꿈틀거리는 세계

삶과 죽음을 이어 붙이는 장소, 영양분이 녹아있는 물

겉에서 보면 해수는 빛이 사라져 캄캄하고 어둡습니다. 그래도 무토와 자양분을 품은 임수, 생명력을 발휘하는 갑목이 있습니다. 생명체는 해수에 의지해 먹고, 마시고, 잠자고, 배설하는 생리적 욕구를 해결합니다.

자수(子水)

은밀하고 비밀스러운 곳, 정제된 물

생명을 기다리며 기운을 변환하는 마법의 공간

자수는 수심이 깊어 쉽게 접근하기 어려운 곳입니다. 은밀하고 비밀스러운 공간이지요. 그래도 유연하고 부드러운 수의 천성을 잊지 않고 있으니 어디든 흘러들 수 있습니다.

축토(丑土)

축적된 에너지가 많은 곳, 물적 자원을 비축해 놓은 땅

丑은 얼어붙은 땅입니다. 축에는 己토, 辛금, 癸수가 들어있습니다. 축토는 물적 자원이 집적되어 있는 자재창고, 냉동고 역할을 합니다. 감시·단속·경계가 중요한 법원, 경찰서, 군대, 정신병원, 중환자실도 축토의 기운이 반영된 곳입니다.

네 기둥과 여덟 개 방에 들어가는 간지까지 보았으니 이제 운명을 바로 풀어볼 수 있을까요? 아주 안 된다고는 할 수 없지만 이야기가 좀 빈약해질 겁니다. 한 사람의 인생을 풍경화로 그려낸다면 지금까지의 과정은 도면에서 구도를 잡은 정도에 해당합니다. 이야기가 좀 더 풍부해지려면 색을 입혀야 합니다. 내용을 만들어내는 것이지요. 그 과정이 육친입니다.

관계의 바다, 육친六親

육친은 일간을 중심으로 발생하는 관계를 말합니다.

인성印星, 비겁比劫, 식상食傷, 재성財星, 관성官星의 다섯 가지 요소에 일간日干까지 더해 육친, 혹은 육친 관계라 부릅니다. 육친은 사주를 인생사에 적용하기 위해 나왔습니다. 인간의 운명을 해석해보는 것이지요. 그러니 그 의미를 제대로 알면 자신의 운명을 이해할 수 있습니다.

육친[03]이라고 하니 친구가 여섯인가 하며 궁금해 하셨죠? 친구라 할 만한 요소도 있기는 합니다. 그런데 이름은 또 다들 왜 이렇게 어려울까요? 그럼 육친이 대체 무엇인지 간단히 살펴보지요.

아래는 육친을 쉽게 이해할 수 있는 도형입니다.

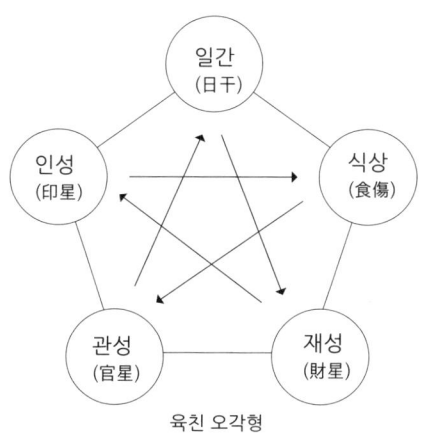

육친 오각형

---

03 이 책에서 설명하는 부분은 육친의 핵심만 추린 것입니다. 사주를 잘 모르는 초보자라면 관련 자료를 찾아 보충하시기 바랍니다. 비겁은 일간과 같은 오행이라 따로 구분하지 않았습니다. 그래서 모형도 육각형이 아닌 오각형입니다.

인성印星, 나(일간)를 후원해주는 든든한 지지자

관계 : 어머니, 윗사람, 선배

작용 : 일간을 보호하고 지원하는 배후의 힘

　　　기존 지식을 익히고 학습하는 능력

육친 오각형에서 바로 옆에 있는 요소들은 상생하는 관계입니다. 한 단계 건너 있으면 상극관계[04]를 만듭니다. 인성은 일간을 도우는 기운이지요? 위치도 일간의 바로 뒤에 붙어있군요.

인성이란 말에는 어떤 의미가 함축돼 있을까요?

인印은 도장을 의미합니다. 일간을 후원해주는 인성은 일간보다 한 단계 먼저 있었던 오행입니다. 일간이 태어나기 전부터 있던 환경이지요. 그런 인성이 일간을 상생한다는 것은 인성이 누리던 권리와 몫을 일간에게 지원해 준다는 의미가 들어있겠군요. 제 아무리 뛰어난 자질과 능력을 타고 난 사람이라 해도 어린 시절에는 보호와 보살핌이 필요합니다. 그럴 때 일간을 양육하고 교육할 후원 세력이 낳아준 부모가 되는 것은 무척 자연스럽습니다.

가정에서는 인성 역할을 어머니가 수행합니다만 한 사람이 온전히 성장하고 성숙되기 위해서는 도우는 기운이 가정으로 끝나면 안 되겠지요. 사회에서도 제도와 조직을 갖추어 인성 역할을 하고 있습니다.

일간이 태어나 자라는 시기에 인성은 가장 필요한 오행입니다. 사주

---

[04] 육친 오각형에서는 화살표로 표시돼 있습니다. 관성은 일간을 상극하고 일간은 재성을 상극합니다. 재성은 인성을 상극하고 인성은 식상을 상극하고 식상은 관성을 상극하는 것이지요.

에 인성이 있다면 성장하는 동안 부모의 도움과 보호를 받습니다. 사회에 나가서는 연장자의 보살핌도 이어질 것입니다.

인성의 순기능

    a) 인성이 있으면 성격이 온순하고 참을성이 있습니다.

    b) 학습 능력이 뛰어납니다.

    c) 명예를 소중히 여깁니다.

    d) 조직이나 윗사람과 불화를 일으키지 않고 원만하게 지냅니다.

중요한 인성이지만 너무 많이 있으면 문제를 유발합니다. 무엇이든 균형을 벗어나면 역기능이 발생합니다. 명식에 인성만 가득하면 이미 있는 환경이나 조건에 자꾸 의지하려 듭니다. 기득권이 주는 혜택에서 벗어나 새로운 발상을 하기 어렵습니다. 창조적 능력도 기대할 수 없습니다.

인성의 역기능

    a) 생각은 많지만 행동으로 옮기는 능력은 부족합니다.

    b) 선배나 어른, 스승에게는 신경을 쓰지만 후배나 동료, 아랫사람은 잘 챙겨주지 못합니다.

비겁比劫, 협력하는 동지 & 방해하는 경쟁자

관계 : 형제, 자매, 친구, 동료, 경쟁자, 방해자

작용 : 주체성의 확립, 확고한 자립성

협력과 경쟁을 배운다.

비겁은 일간과 오행이 같습니다. 비겁이 있으면 일간의 주체성이나 의지가 더욱 강해집니다. 비겁이 있으면 자의식이 강하고 형제자매에 대한 우애나 친구에 대한 우정에 가치를 두며 자신이 속한 공동체에 애정을 갖습니다.

일간이 약할 경우는 비겁이 중요한 역할을 합니다. 일간이 줏대 없이 이리저리 흔들릴 때 비겁이 나서서 바로잡아줍니다. 일간이 약한데 비겁의 도움마저 없다면 정체성도 부족하고 자신감도 부족해 무슨 일을 제대로 해나가기 어렵습니다. 정반대 경우도 있겠지요. 일간의 기세가 강하다면 자신을 닮은 비겁을 반기지 않습니다. 그럴 때의 비겁은 일간의 길을 방해하는 경쟁자일 뿐입니다.

비겁의 순기능

a) 자존심을 지키고 주체성을 갖습니다.

b) 삶에 대한 의지가 샘솟고 동료를 각별히 여깁니다.

비겁이 많을 때의 역기능

  a) 생각이 유연하지 못하고 갇힌 사고를 하기 쉽습니다.

  b) 성향이 다른 대상을 이해하기 어렵습니다.

  c) 자기중심적인 판단을 하기 쉽고 눈앞의 일에만 급급해하는 측면이 있습니다.

식상食傷, 속마음을 표현하는 나의 분신

  관계 : 아랫사람, 제자
     남자에게는 처갓집 식구, 여자에게는 자식
  작용 : 일상의 욕구, 삶의 방식, 재능, 소질, 개인적 활동이나 성향

  식상은 일간이 상생하는 육친입니다. 일간을 가장 잘 이해하는 기운이지요. 일간의 느낌을 곧바로 분출하기 때문에 독창적인 표현이 가능합니다.
  식상은 개인적 기질에서 나오는 개성과 재능이지요. 자신의 취향이나 감각, 감수성을 중요시합니다. 윗사람이나 앞선 세대가 전해주는 것이라 하여 무턱대고 소중히 여기지는 않습니다. 지식과 정보를 받아들일 때도 자기만의 시선으로 재가공합니다. 창조적 발상을 하기 때문에 주관도 뚜렷하고 소신도 강합니다.

식상의 순기능

　a) 자기감정을 분명하게 드러냅니다.

　식상은 일간의 거침없는 표현에서 나옵니다. 식상은 육친 중에서 일간이 가장 편하게 느끼는 요소입니다. 손발을 직접 움직이는 능력입니다. 주변을 의식하지 않고 하는 말이나 행동입니다.

　b) 경제활동을 보장해줍니다.

　인간의 활동 중에 정말 중요한 것이 돈을 버는 능력이지요.

　돈을 많이 벌려면 활동을 많이 하면 될까요? 사람마다 다릅니다. 어떤 사람은 그냥 가만히 앉아 있는데도 돈이 계속 쌓이고 어떤 사람은 열심히 움직이는데도 오히려 돈이 자꾸 빠져나갑니다.

　육친 관계로 볼 때 식상이 재성을 상생하니 적어도 돈을 버는 행위가 일어나려면 식상이 있어야 합니다. 실제 운명을 보면 식상은 잘 발달되어 있는데 식상이 흘러갈 재성財星이 부실한 경우가 많습니다. 우리들 대부분이 그렇습니다. 이것저것 노력은 많이 하지만 밑천(재성)이 빈약해 장사도 안 되고 사업도 잘 되지 않습니다. 취업도 쉽지 않습니다. 준비를 게을리 한 것도 아닌데 자신을 받아주는 회사가 없습니다. 또 직장에 다니고 있어도 불안하기는 마찬가지입니다. 언제 정리해고 대상이 될지 모르니까요. 이것은 식상이 상생할 수 있는 재성이 없을 때의 사례입니다. 식상만으로는 불완전한 노동 형태를 띠는 것이지요.

식상과 직업

　돈벌이 이야기가 나왔으니 직업에 관한 이야기를 여기서 하는 게 좋겠습니다. 세상에 무수한 직업이 있는 것처럼 돈을 버는 유형도 여러 가지입니다. 자격증으로 직업을 보장받기도 하고 시험을 쳐서 공무원이 되기도 합니다. 직업을 다룰 때는 식상, 재성, 관성을 함께 언급하는 것이 좋습니다.

　일간이 탄탄한 직업을 가지려면 식상뿐 아니라 재성과 관성도 상생 관계를 만들어야 합니다. 그래야 식상생재(食傷生財, 식상이 재성을 상생), 재생관(財生官, 재성이 관성을 상생), 관인상생(官印相生, 관성이 인성을 상생)이라는 흐름으로 이어집니다.

　사주에 세 가지가 고루 들어있기는 무척 어려운 일입니다. 그렇다고 걱정할 필요는 없습니다. 셋 중 어느 한 가지라도 뚜렷하게 나타나 있으면 자신에게 맞는 직업을 갖습니다. 거기에 한두 가지 요소가 가미된다면 안정된 직업을 가질 수 있겠지요.

　식상이 재성을 상생 : 식상생재

　자신의 몸을 움직여 재물을 이루는 유형입니다. 아랫사람의 마음을 잘 헤아립니다. 주로 물건을 팔고 사는 상업 활동으로 돈을 법니다.

　인성이나 관성까지 있으면 큰 기업가로 성장합니다. 식상은 독창성과 창조력을 발휘할 수 있습니다. 그래서 자신만의 기술을 개발해 전문성을 인정받기도 합니다. 이 식상의 기술은 오행의 성질에 따라 문화, 예술, 학술, 음식, 의료, 정보 등 아주 다양하게 전개되겠지요.

재성이 관성을 상생 : 재생관
재물을 다루고 조직을 관리하는 능력을 타고 났습니다.
뛰어난 경영능력으로 조직으로부터 권위를 인정받고 통제력을 행사합니다. 공공기관이나 규모가 큰 회사에서 재무나 자재를 관리합니다. 총체적 제어와 조절을 하는 것이지요.

관성이 인성을 상생 : 관인상생
지적인 업무를 맡거나 결재권을 확보하는 능력입니다.
지식과 정보가 중요한 곳에서 활동합니다. 공부를 많이 한 사람들이 얻는 직업과 연관이 있습니다. 학자나 교수가 돼 학문을 연구하거나 문서와 관계가 많은 행정기관의 공무원으로 활동합니다.

식상의 역기능

a) 자기고집만 부리고 주변과 화합하기 어렵습니다.
b) 견해가 다르면 부모나 윗사람과도 자주 충돌합니다.
c) 조직에서 화합하지 못하고 겉도는 경향이 있습니다.

식상은 일간에게 꼭 필요한 육친입니다. 그러나 지나치면 문제를 유발합니다. 사주에 관성과 인성은 부족한데 식상만 가득하면 어떨까요?

원래는 일간이 느끼는 불편을 해소해주는 고마운 식상이지만 과도하면 일간의 품격을 떨어뜨리는 역할을 합니다.

재성財星, 미지의 세계, 원더풀 라이프

　　관계 : 남성 (아버지, 아내)
　　　　　여성 (아버지, 시어머니, 시댁의 분위기, 시댁식구와의 관계)
　　작용 : 직장에서의 활동, 경제 활동의 목표, 여러 형태의 재산
　　관건 : 재성이 많으면 재물을 쌓아놓고 살까?

　재성은 식상의 활동 범위가 사회로 나아간 것입니다. 이렇게만 얘기하면 너무 막연해서 흔히 재성을 돈과 아내로 표현합니다. 재성은 일간에서 볼 때 식상보다는 거리가 멉니다. 식상은 일간의 바로 옆에 있어 쉽게 손이 닿을 수 있는 관계지만 재성은 한 단계 떨어져 있으니 그만큼 더 분석하고 노력을 해야 파악할 수 있는 관계입니다.

　일간이 재성과 문제없이 지내려면 재성을 꼼꼼하게 살피고 깊이 연구해서 관계를 긴밀히 다져놓아야 합니다. 아무런 대책 없이 그저 다가가면 재성은 일간을 반기지 않습니다. 재성의 입장에서는 자신을 이해할 수 있는 능력을 일간이 먼저 갖추고 난 다음 자신에게 손길을 건네기를 원합니다. 인성은 일간이 태어나기 전부터 있던 환경이라서 일간이

특별한 노력을 하지 않아도 관계를 맺을 수 있습니다. 재성은 일간이 준비를 단단히 해야 닿을 수 있는 목표물입니다.

재성은 일간과 다른 속성을 가진 오행입니다. 반대쪽 특성의 오행이라 더욱 끌립니다. 우리도 누가 마음에 들면 그 사람과 교류하기 위해 미리 상대의 기호나 욕구를 파악하고 준비를 하잖아요? 일간과 재성의 관계도 똑 같습니다.

재성은 내가 사랑하는 사람, 내가 소중하게 여기는 관계입니다. 기질과 성향이 다르지만 호기심을 유발하는 대상이기도 합니다. 또 내가 차지하고픈 지위나 자리, 획득하고 싶은 명성, 극복해야할 상대이기도 합니다. 한 마디로 얘기하면 일간이 만나게 될 미지의 세계입니다.

식상은 일간의 생존을 위해 꼭 필요한 육친이라면 재성은 인생을 재미있고 유쾌하게 만들어주는 육친인 셈입니다. 원더풀 라이프를 선사하는 것이지요.

재성의 순기능

a) 일간의 경제 활동을 보장해줍니다.

명식에 재성이 없다면 일간을 불러주는 곳이 많지 않습니다. 활동할 공간이 쉽게 확보되지 않는 것이지요. 동물들도 자신의 활동영역을 표시하고 세력을 과시하는 행위를 합니다. 재성의 영역을 표시하는 것이지요.

b) 일간의 진정한 욕망을 알 수 있습니다.

재성을 알면 한 인간의 욕망을 정확하게 파악할 수 있습니다.

개인의 기질과 기호가 반영된 욕망에 접근할 수 있습니다. 우리는 모두 다른 운명을 갖고 이 세상에 나옵니다. 욕망도 모두 다를 수밖에 없습니다. 나의 욕망을 알면 내가 할 수 있는 일을 알 수 있습니다. 그러면 나만의 세계를 마련할 수 있지요. 욕구나 욕망은 비난받아야 하는 대상이 아닙니다. 개인의 자아실현과 긴밀하게 연결돼 있으니까요.

c) 공동체 속에서의 책임과 의무를 가르칩니다.

일간은 식상을 거쳐 재성까지 나아가야 독립을 맛볼 수 있습니다. 자신을 보호해주는 가정이라는 울타리를 벗어나 바깥세상의 기운을 경험하는 것이지요. 재성은 사회적 독립을 의미합니다.

맹수의 새끼도 약간의 힘과 기술만 터득하면 어미에게서 떨어져 홀로 살아갑니다. 인간도 그렇습니다. 재성이 작용하면 결혼할 대상을 찾고 부모로부터도 독립하려 합니다. 독립만 하면 그만일까요? 그렇지 않습니다. 독립은 책임과 의무의 세계로 편입된 것을 의미합니다. 권리와 이익이 아주 없는 건 아니지만 짊어져야할 의무가 훨씬 많습니다.

만약 재성이 다른 오행과 균형을 이뤄 안정돼 있으면 누릴 권리가 많겠지요. 그렇더라도 재성은 속성상 누린 것 이상으로 되갚아야할 의무가 있습니다. 공동체 속에서의 사회적 책임이 발생하는 것이지요.

재성의 역기능

　a) 일간이 약하면 공격해옵니다.

　명식은 여덟 개의 요소가 들어차 있는 건축물입니다. 이 건물에 재성이 너무 많으면 어떨까요? 어차피 자리는 여덟 곳뿐인데 재성 때문에 다른 육친이 배치될 수 없지요. 이 경우는 일간이 재성에 시달립니다. 먹을 것, 입을 것, 뛰어놀 무대를 마련해달라고 재성이 아우성을 칩니다. 이 녀석들은 참고 기다리고 이런 걸 못합니다. 그래서 건물 주인인 일간이 시원찮아 보이면 반란을 일으키지요.

　이런 사주를 재다신약(財多身弱, 재성이 너무 많아 일간이 맥을 못 추는 상황)이라 합니다. 일간의 역량에 비해 재성이 너무 많으면 재성이 요구하는 것들을 일간이 미처 처리해나갈 수가 없다는 말입니다. 이때의 재성은 재물도 아니고 권리도 아니고 다정한 아내도 아니지요. 저당 잡힌 건물이고 늘어난 부채고 나를 잡아먹으려 드는 무서운 아내일 뿐입니다. 이런 재성은 다스리기도 어렵고 관계 맺기도 어려운 무척 까다로운 대상이지요.

관성官星, 성찰하고 헤아리고 돌아보는 능력

관계 : 남성에게는 아들 • 딸, 여성에게는 남편 • 연인
작용 : 일간을 압박하는 구속이나 제약
     자신을 객관적으로 볼 수 있는 시선
     조직사회에서 자신이 위치한 좌표를 읽고 처신할 수 있는 능력
     욕망을 제어할 수 있는 헤아림의 능력

재성은 일간이 다스리고 싶은 육친이지만 관성은 일간을 제어 대상으로 여깁니다. 재성은 일간이 다가가서 관계 맺고 싶어 하지만 관성은 일간의 일거수일투족을 통제하고 간섭합니다. 재성에도 사회적 책임이 깃들어 있습니다만, 그래도 재성은 책임을 느끼기 이전에 누리는 게 있었지요. 권리가 있고 그래서 발생하는 의무였습니다.

관성은 다릅니다. 조직사회에서 자신이 위치한 좌표를 읽고 바르게 처신할 수 있는 능력입니다. 관성은 일간이 자신의 욕구나 아픔에만 골몰해 있지 않고 타자의 관점에서 자신의 욕망을 제어할 수 있는 헤아림입니다. 외부에서 자신을 바라볼 수 있는 공정한 시선입니다.

일간은 관성이 있어야 자신의 사회적 좌표를 객관적으로 인식할 수 있습니다. 조직의 구성원으로서 규율과 규칙을 받아들이고 자신의 몫을 성실히 수행해냅니다. 일간과 관성이 조화를 이루면 일간은 원만한 품성을 갖춘 개인이 됩니다.

관성의 순기능

a) 관성이 잘 배치된 사람은 사회의 소망이나 기대에 순응하려 합니다.

b) 규제나 규칙을 지킵니다.

c) 사회적으로 인정을 받고 명예를 얻습니다.

관성의 역기능

a) 일간의 활동이 위축됩니다.

약한 일간에 관성만 너무 강하면 일간은 매사에 눈치를 보느라 일을 할 수 없습니다. 활동에 제약을 받습니다. 심하면 피해의식까지 생겨 끊임없이 시달립니다. 직장에 다니더라도 과중한 업무로 고생할 수 있습니다.

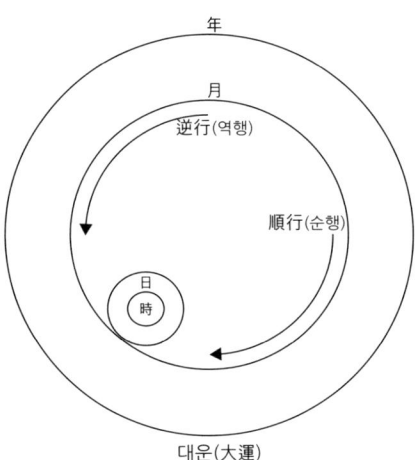

2부 | 운명을 살다

이상 李箱, 갇힌 나와 열린 나

잠시 앞에서 살핀 내용을 떠올려봅시다.

먼저 명식의 구조를 보았습니다. 네 기둥과 여덟 개의 방을 따진 것이지요. 그 다음엔 간지를 살폈습니다. 육친도 보았습니다. 사주(운명방정식)를 푸는 과정이 남았습니다. 네 기둥과 여덟 개의 방에 들어있는 간지들을 어떻게 읽어내야 하는지 단계별로 따지는 작업[05]이 남았습니다.

이제 한국의 근현대 문학사에서 독보적인 위치를 차지하는 두 사람, 이상과 김수영의 운명을 살펴보겠습니다. 첫 순서는 시를 쓰고 소설을 쓰고 그림을 그리고 잡지를 편집했던 김해경(金海卿)입니다.

---

[05] 만세력에서 생년월일을 찾는 것은 따로 설명하지 않겠습니다. 생년월일시만 기입하면 사주팔자가 나오는 인터넷 만세력도 많으니 이용해보시기 바랍니다.

김해경

양력 1910년 9월 23일 묘시 출생

시	일	월	연[06]
辛	辛	乙	庚
卯	卯	酉	戌

金	金	木	金
木	木	金	土

비겁	일간	재성	비겁
재성	재성	비겁	인성

대운

庚	己	戊	丁	丙
寅	丑	子	亥	戌
금	토	토	화	화
목	토	수	수	토
46	36	26	16	06

06 명식은 오른쪽에서 왼쪽으로 읽어나갑니다. 그래서 년이 아니고 연으로 표기했습니다.

운명방정식, 이렇게 푸세요

먼저 타고난 생년월일시를 만세력에서 찾아 사주(네 기둥)와 팔자(여덟 가지 요소)를 세워야겠지요. 그것을 오행으로 바꾸고 일간을 중심으로 육친을 적습니다. 남자가 양의 해에 났으니 대운은 순행하겠군요.

사주, 오행, 육친, 대운이 나와 있으면 운명을 분석할 수 있습니다.

음과 양의 비율을 가늠합니다

제일 먼저 할 것은 사주의 여덟 가지 요소를 따져보며 음양의 무게를 파악하는 것입니다. 운명분석에서 제일 중요한 것이 이 단계지요. 사주를 구성하는 각 요소를 음과 양으로 나눠 균형을 맞춰보는 것입니다. 음(金水)과 양(木火)의 무게를 저울질해 중화(中和)[07]를 이루었는지 아닌지를 판단하는 것이지요.

중화는 수축과 팽창이 평형을 이룬 상태를 말합니다. 오행에서 수축하는 힘은 金水로 표현되고 팽창하는 기운은 木火로 나타납니다. 사주를 분석할 때는 천간보다 지지를 중시합니다. 지지 중에서는 월지의 영향이 가장 큽니다. 월지를 지배하는 오행을 눈여겨 봐야 합니다.

---

07 중화는 서로 다른 성질의 것들이 모여 조화를 이룬 상태를 의미합니다.

음양의 잣대로 판단할 때 이 사주는 무게 중심이 어느 쪽으로 기울까요? 목화와 금수를 따져보지요.

시	일	월	연
金	金	木	金
木	木	金	土

木은 월간, 일지, 시지를 차지했습니다. 火는 없군요. 金은 연간, 월지, 일간, 시간에 보입니다. 水는 어떤가요? 아예 없네요.

이제 목화 대 금수로 배치해봅시다. 목화 쪽은 화가 없고 금수 쪽은 수가 없으니 굳이 쌍으로 묶어 다시 분석할 필요가 없을 것 같지만 그래도 단계를 밟는 게 좋겠지요.

목화와 금수를 대비시키면 목화(월간, 일지, 시지) : 금수(연간, 월지, 일간, 시간)로 금수 쪽이 약간 강해 보입니다. 그런데 월지의 영향력이 세다고 했으니 금수가 목화를 압도한다고 봐야겠지요. 사주에서 금수가 우세하다는 것은 수축하는 기운이 팽창하는 힘보다 우위에 있다는 말입니다. 여기서 '목화'라고 했지만 화가 빠져 있으니 실은 목만 있지요. '금수'도 수가 빠져 있으니 당연히 금만 있고요.

수와 화

이번에는 목화와 금수를 나누어 수와 화, 금과 목의 관계로 살펴봅시다. 먼저 수와 화를 보지요. 위에서 살핀 바로는 수도 없고 화도 없었습니다. 다시 살피니 수는 없지만 화는 조금은 있다고 보아야겠네요. 연지의 술토 속에 약한 정화가 지장간으로 깃들어 있으니까요. 그러니까 화의 흔적 정도는 있는 셈이지요. 그에 비해 수는 드러난 것도 없고 깃든 것도 없습니다. 그렇게 생각하면 수와 화의 관계에서는 수가 절실히 필요하고 화도 있으면 좋겠습니다. 순서를 따지자면 당연히 수가 먼저 와야겠지요.

금과 목

금과 목의 관계는 어떨까요? 목은 3개인데 금은 4개지요. 또 월지를 금이 차지했으니 금이 목보다 강하긴 합니다. 그런데 이 명식에서 목이 약하다고 한 데에는 다른 이유도 있습니다. 목이 허약하게 된 사정을 좀 알아봅시다. 나무가 잘 자라려면 자양분이 풍부한 땅에 뿌리를 내려야겠지요. 또 필요한 물을 확보해야 하고 햇빛도 있어야 합니다. 그래야 가지와 줄기가 쭉쭉 뻗어나갑니다.

이 사주에서 목은 여덟 자리 중에 세 군데나 나와 있지요? 하지만 수가 없습니다. 나무가 무척 지쳐 있습니다. 그 와중에 금은 나무를 압박합니다. 나무의 고단함이 너무 심각합니다. 자리는 세 개나 차지했지만 수의 공급을 원활하게 받지 못하다 보니 나무의 역할을 제대로 하기 어렵습니다.

금과 목의 관계에서 금은 더 필요치 않습니다. 목은 와도 괜찮습니다.

다만 이미 있는 목들에게 생기를 불어넣어줄 수가 먼저 오면 좋겠습니다. 수는 이래저래 유용합니다. 금을 내보낼 수 있어서 좋고 목을 북돋울 수 있어 좋습니다.

토

토는 어떨까요? 연지에 술토가 보이지요. 술토는 습기를 머금은 흙이 아니니 나무에는 별로 도움이 되지 않습니다. 오히려 금에게 힘을 실어주고 있으니 나무로서는 좀 아쉽습니다.

앞에서 이 명식은 금수가 우세하다고 했지요? 그렇지만 목화만 보강한다고 중화가 되는 구조도 아니었지요. 세부적으로 따지니 금은 필요치 않고 수가 다급한 명식이 되었습니다. 그래서 다음과 같이 정리할 수 있습니다.

음양의 균형에서 나온 결론

이 사주는 전체적으로는 음이 강하다. 그러나 금과 수가 고르게 분포돼 있지 않다. 금만 있고 수는 없다. 그래서 양(목화)이 필요하다. 다만 순서로 볼 때 수가 먼저 와야 한다. 수가 와야 명식의 균형을 맞출 수 있다. 수가 있어야 목도 성장을 이어간다. 이 명식이 가장 절실히 원하는 오행은 수다.

수가 필요한 이유는 세 가지다. 첫째, 금을 수로 내보낼 수 있다. 둘째, 지쳐있는 목에게 원기를 북돋울 수 있다. 셋째, 명식의 조화를 꾀할 수 있다.

목화도 오지 않는 것보다는 낫다. 아니 토금이 오는 것보다야 훨씬 반갑다. 운에서 목이 들어오면 지쳐있는 명식의 목들이 탄력을 받을 수 있다. 화가 찾아오면 명식의 금을 잠시 잠깐이나마 다스릴 수 있으니 아예 오지 않는 것보다는 나은 편이다. 그래도 목이 와서 금과 목이 맞서는 것이나 화가 와서 금을 누르는 것은 별로 자연스럽지 않다. 금을 유순하게 내보낼 수 있는 수가 와야 부드러운 순환이 일어난다.

육친을 적용합니다

음양의 비율을 따지고 나면 육친을 살핍니다.

육친은 일간을 중심으로 발생하는 관계를 말합니다. 인성, 비겁, 식상, 재성, 관성의 다섯 가지 요소에 일간까지 더해 육친, 혹은 육친 관계라 부릅니다. 육친은 사주를 인생사에 적용하기 위해 나왔습니다.

육친은 일간을 기준으로 정하는 것이므로 일간을 제외한 일곱 곳에 표시합니다. 육친을 보면 일간을 둘러싼 환경을 속속들이 파악할 수 있습니다. 한 사람이 일생에 걸쳐 만들어내는 파장을 알 수 있습니다. 한 사람을 온전히 이해할 수 있습니다.

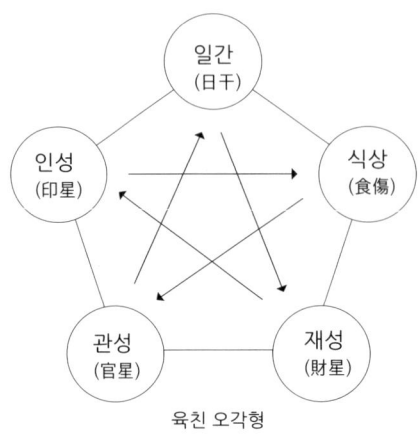

육친 오각형

```
시   일   월   연
金   金   木   金
木   木   金   土
```

비겁 일간 재성 비겁
재성 재성 비겁 인성

　육친을 보니 일간(금)을 상생하는 인성(토)이 1개, 일간의 정체성을 강화시키는 비겁(금)이 3개, 일간의 역량을 분출할 수 있는 식상(수)은 없습니다. 또 일간이 상극하는 재성(목)이 3개, 일간을 제어할 관성(화)은 드러나지 않았습니다.

인성

　인성부터 살펴보지요. 이 명식은 인성이 연에 있습니다. 연월에 인성이 있으면 일간보다 앞선 세대와 관련이 많습니다. 일간과 인성의 관계가 원만하면 윗사람의 보호와 기대 속에 무난한 성장기를 보낼 수 있습니다.

　김해경은 일간이 금(신금)입니다. 인성은 토가 되겠지요. 연지에 술토가 있습니다. 그런데 술토와 신금의 관계가 조화롭지 않습니다. 인성이 도움이 되려면 일간이 나아갈 길(식상)도 확보돼 있어야 합니다. 게다가 이 명식은 비겁도 강합니다. 인성이 비겁에 휘둘리는 모습입니다. 인성이 있어도 힘을 발휘하지 못하는 안타까운 상황입니다. 이렇게 되면 일간이 자라는 동안 우여곡절을 많이 겪습니다.

일간과 인성의 부조화 사례

　이상은 3세 때 친부모와 헤어져 아들이 없는 큰아버지에게 양자로 갔습니다. 백부는 양아들을 알뜰히 챙겼지만 아이는 자주 아팠고 6세 때는 홍역으로 죽을 뻔했습니다. 또 큰댁 가세가 기우는 바람에 11세 때는 동급생들에게 현미빵을 팔아 학교를 다녔습니다.

비겁

　이 명식에서 일간과 비겁의 관계는 어떨까요? 일간이 신금인데 연간에 금(경금), 월지에 금(유금), 시간에 금(신금)이 있으니 비겁이 셋 있습니다. 일간이 약하면 비겁이 도움이 됩니다. 비겁과 힘을 합해 일간의 정체성을 유지할 수 있으니까요. 이 경우는 비겁(금)이 있을 필요가 없습니다. 식상(수)도 없는데 비겁만 있으면 문제가 생깁니다. 게다가 비겁이 목을 건드립니다.

음양의 균형을 설명할 때 목을 잠시 언급했는데 기억나시나요?

이 사주에서 목은 생기를 잃은 고단한 나무라 했습니다. 그런 나무를 비겁이 더욱 불편하게 만들고 있습니다. 물도 없이 어렵게 버티는 목(재성)에게 금이 위협하는 것이지요. 연간의 경금은 월간의 을목을 상극합니다. 월지의 유금은 월간의 을목과 일지의 묘목을 괴롭힙니다. 시간의 신금은 시지의 묘목을 짓누릅니다. 그래도 일간은 목(재성)이 귀한 줄 알아 목을 대놓고 건드리지 않습니다. 하지만 수(식상)가 없어 목과 편안한 관계를 만들 수 없습니다. 비겁이 목을 압박하는 상황을 뻔히 알면서도 비겁을 말릴 힘이 없어 그저 안타깝게 목을 바라볼 뿐이지요.

식상

이 명식은 식상(수)이 없습니다. 식상이 없으니 일간이 무슨 일을 도모하려고 해도 일의 진행이 더딥니다. 일간이 금인데 수 식상이 없으니 금에서 나아가지 못하고 머뭇거리는 모습입니다. 식상이 있어야 재성(목)에 다가가기가 수월할 텐데 그럴 수 없으니 당연히 재성과의 관계도 매끄럽지 않습니다.

식상이 있으면 일간이 품고 있는 재주와 능력을 잘 표현할 수 있습니다. 이 경우는 식상 없이 재성이라는 무대에 다가가려니 일간의 수고가 이만저만이 아닙니다.

식상은 자기 감각, 자기 기질, 자기 재능을 믿고 일을 추진하는 능력입니다. 그럼 이상은 명식에 식상도 없는데 어떻게 자신의 역량을 표출할 수 있었을까요?

그가 그림을 그리고 시를 쓰고 소설을 발표하며 자신을 알렸던 시기는 운에서 수가 작동했습니다. 그래서 자기 안에 깊숙이 가라앉아 있던 표현의 욕구를 억지로라도 끄집어낼 수 있었겠지요. 하지만 작품이 당대에 제대로 이해받지는 못했습니다. 만약 명식에 수의 흔적(지장간)이라도 있었다면 단명하지도 않았을 것이고 작품도 일찌감치 널리 읽혔을 것입니다.

이상은 겨울대운 중에 찻집을 여러 차례 열었습니다. 물론 전부 실패했지요. 수가 들어온 때에 음료를 마시며 쉬어가는 공간을 마련했지만 돈벌이가 되지는 않았습니다. 오히려 빚만 늘었지요. 일간이 지향할 식상이 없어 다음 단계로의 진입이 어렵습니다. 식상이 없어 일간이 재성에게 나아가지 못하는 것이지요. 그래도 동료 예술가들과 교류하며 문화적 식견을 넓혔습니다.

재성

재성도 따져보지요. 일간이 금이니 재성은 목이고 자리는 3곳이나 차지했습니다. 그러나 뿌리를 제대로 내리지 못한 나무들이지요. 그 와중에 수도 없어 지칠 대로 지쳐있습니다.

재성을 보면 부친의 역할, 아내와의 관계를 알 수 있습니다. 또 일간이 사회에서 하는 활동, 돈을 버는 능력도 짐작할 수 있습니다.

이상은 명식에 재성이 나와 있긴 합니다. 월간, 일지, 시지에 흩어져 있지요. 문제는 재성이 힘을 쓰기 어렵다는 것입니다. 이것은 아버지의 처지가 비참하다는 것이고 일간이 결혼을 해도 가정을 제대로 꾸려갈 수 없음을 뜻합니다. 당연히 아내와도 소원해질 수밖에요.

그럼 여기서 명식의 목들(재성)을 잠시 살펴보지요.

월간의 을목은 옆에 경금, 신금이 있고 지지에 유금이 있습니다. 뿌리를 편히 내리기는 어렵지만 그래도 천간에 나와 있으니 답답함이 덜합니다. 더욱이 경금과는 그런대로 조화(을경합)를 이룰 수 있습니다. 을목은 유연합니다. 위로도 자라고 옆으로도 자라고 구부러져도 자랍니다. 자신을 에워싼 환경이 열악해도 생명을 쉽게 포기하지 않고 타협점을 찾아 삶을 이어갑니다. 게다가 일지와 시지의 묘목들이 을목에게 힘을 모아줍니다.

일지의 묘목은 어떨까요? 위에는 예리한 신금이 있고 옆에는 날카로운 유금이 버티고 있습니다. 천간에 을목이 있긴 하지만 이 을목은 자신의 줄기를 이어가는 것에 몰두해 있습니다. 묘목의 처지를 헤아리기 어렵습니다.

시지의 묘목도 편치는 않습니다. 위에는 신금이 있으니까요. 그래도 일지보다는 형편이 낫습니다. 유금과 맞붙어 있는 건 피했으니까요. 그래서 시지 묘목은 일지 묘목을 도우려 합니다. 일지의 상처를 어루만지려 하고 일지의 꿈을 실현하려 합니다. 또 일간이 하고 싶었으나 할 수 없었던 일도 알아내 차근차근 밀고 나갑니다.

일지의 묘목은 슬프기 짝이 없습니다. 너무도 불행한 처지로 내몰렸습니다. 약한 줄기는 바짝 붙어있는 유금이 잘라버립니다. 일간 신금도 두렵기는 마찬가지입니다. 자신을 짓누르고 있으니까요. 물론 시지의 묘목은 도움이 됩니다. 자신의 답답함을 털어놓을 이야기 상대가 되니까요. 게다가 자기보다는 덜 시달리고 있으니 자기 대신 나무로서의 포부(외부세계로 뻗어 나가 타자와 접속하며 거대한 연결망을 구축)를 이어가 달라고 요청할 수 있습니다.

일지의 묘목은 다양한 방향에서 접근할 수 있습니다.
<u>첫째, 일본제국주의에 시달리는 조선의 양민으로 읽을 수 있습니다.</u>
<u>둘째, 김해경의 친부로 볼 수 있습니다.</u>
친부는 아들이 태어나기 전에 왕실의 활판 인쇄소에서 일한 적이 있습니다. 그때 종이 재단기에 손이 딸려 들어가 손가락 세 개를 잃었습니다. 12지에서 卯는 짝이 있는 물상으로 봅니다. 신체로 치면 손, 발, 팔, 다리에 해당합니다.

기묘하게도 일지의 묘가 손가락을 다친 친부의 상태를 설명해주고 있습니다. 즉 짝이 있는 손(묘목)이 칼날(유금)에 상해를 입은 것이지요.

셋째, 일간이 시도했으나 실패하고 만 경제활동으로 받아들일 수 있습니다.

이상은 가계에 보탬이 되려고 다방도 열고 카페도 운영했습니다만 결과는 신통치 않았습니다. 식상 없이 재성에 이르기가 어렵기 때문입니다.

넷째, 젊은 나이에 폐결핵으로 무너지는 고단한 육신에 대입할 수 있습니다.

오행에서 폐는 금으로 봅니다. 폐에 문제가 생기는 경우는 이렇습니다. 금이 필요한데 금이 없거나 부족할 때, 금이 있지만 수로 나아가지 못할 때, 강한 화에 금이 녹아내릴 때 등입니다. 이상은 일간이 辛금이지요. 일간도 금인데 비겁까지 있어 금이 너무 많습니다. 이렇게 과다한 금이 수로 연결되지 못하고 발이 묶여 있으니 폐에 병이 난 것이지요. 병이 난 원인은 金에 있지만 무너진 육신, 고장이 난 신체는 일지의 묘목으로 표현된 것이지요.

월간의 을목도 다시 따져봅시다.

가족관계에서 묘목을 친부로 보았으니 을목은 이상을 양자로 데려간 큰아버지로 해석할 수 있습니다. 또 일간의 진정한 욕망은 아니었지만 현실적 안정을 위해 택했던 직장과 일로 볼 수 있습니다.

乙목은 글을 쓰거나 그림을 그리거나 무대를 꾸미거나 디자인을 하는 등 섬세한 감각이 요구되는 작업에서 능력을 발휘합니다. 그래서인지 그는 총독부에서 건축기사로 일하면서 간행물의 표지 공모에도 작품을 제출해 당선되었습니다.

시지의 묘목은 어떨까요?

시지의 묘목은 이상이 창조해낸 또 다른 자아, 자기 주관을 믿고 세상과 타협하지 않고 완성한 작품 등으로 이해할 수 있습니다. 이상은 운에서 식상(수)이 들어올 때 왕성한 작품 활동을 했습니다. 명식에 없는 수를 운에서 호흡한 다음 고스란히 작품(시지의 묘목)으로 연결시켰습니다.

시지의 묘목으로 건너간 김해경

시지의 묘목에 비중을 두면 이상의 생애도 지금껏 알려졌던 내용과는 다른 해석이 가능합니다. 즉 이상은 김해경이라는 현실의 나(일간 신금)를 벗어나 예술세계의 나(시지의 묘목)로 건너가 버린 것이지요.

수가 없는 일간 신금이 금의 속성을 단념하고 시지의 묘목으로 투항한 것입니다. 이것은 자기 분열이 아니라 자기 창조에 가깝습니다. 수(자기표현의 통로)만 있었다면 금으로서의 정체성을 포기하지 않고도 재성 목과 원만한 관계를 맺었을 것입니다. 그것이 여의치 않다 보니 일간 대신 시지(그나마 덜 상처받았다고 할 수 있는 묘목을 통해 글을 쓰고 그림을 그림으로써)를 자신의 이상적 자아로 삼았다고 유추할 수 있습니다.

관성

일간이 금이니 관성은 화가 되겠지요. 관성은 일간을 다스리는 제어판입니다. 관성이 있으면 자신을 객관적으로 볼 수 있습니다. 관성이 없으면 자신을 성찰할 수 없습니다. 자기조절이 잘 안 됩니다. 자기 기분대로 행동하기 쉽습니다.

　이 사주는 드러난 관성은 없습니다. 그래도 연지의 술토 속에 정화가 있으니 관성의 흔적은 있는 셈입니다. 경솔한 행동을 쉽게 하는 유형은 아니겠지요. 더욱이 식상도 없는 명식이다 보니 경거망동을 하기는 어렵습니다.

　여기서 이런 생각을 하는 분도 계실지 모르겠네요. 이상은 금이 많다고 했으니 금을 누르기 위해 화도 많아야 한다는 생각.

　금이 많긴 하지요. 게다가 식상(수)도 없으니 상황에 따라 관성(화)으로 금을 조절할 수는 있습니다. 관건은 화가 어떤 조합으로 들어오느냐, 하는 것입니다. 화가 오되 수와 어울려 오면 좋습니다. 화가 토를 데리고 오면 환영받기 어렵습니다. 화토가 들어오면 토금의 세력만 강해집니다. 목만 더욱 고단할 뿐입니다. 그렇게 되면 가뜩이나 어긋나 있는 명식이 완전히 주저앉고 맙니다.

　　일간과 관성의 부조화 사례
　김해경은 대운(병술)과 연운(병진)에서 화토가 밀려든 시기에 홍역에 걸려 죽을 뻔했습니다. 수로 나갈 수 없는 금이 화토에 휩싸여버린 것이지요.

　육친에서는 내용이 좀 많았지요. 인성, 비겁, 식상, 재성, 관성을 따로 살폈으니까요. 정리하면 이렇습니다.

육친에서 얻은 결론

다급하고도 절실한 육친은 식상(수)이다. 인성(토), 비겁(금)은 더 필요치 않다. 재성(목), 관성(화)은 수와 함께 오면 괜찮다. 명식에 수가 없으니 수가 작동하는 운을 기대할 뿐이다.

우리는 지금 명식을 푸는 단계를 하나하나 밟아가는 중입니다. 처음엔 음양의 균형을 보았지요. 좀 전에는 육친을 살폈고요. 이제 일간을 따질 차례입니다.

일간을 탐색합니다

일간은 신금(辛金)이지요.

신금은 정교하고 세련된 금입니다. 경금이 거칠고 투박한 모습을 지녔다면 신금은 외모도 단정하고 내부도 치밀한 짜임새를 갖고 있습니다. 그래서인지 옛날 사람들은 신금을 단단하고 빛나는 결정체, 보석, 장신구에 비유했답니다.

신금이 일간인 사람들은 성격이 야무집니다. 일 처리도 분명하게 합니다. 그럴 수밖에 없는 것이 경금이 둔탁한 원광석이라면 신금은 이미 연단된 예리한 칼, 정교한 기계거든요.

水가 꼭 필요한 신금

　예리한 신금은 水를 좋아합니다. 경금은 火가 자신을 연단해도 꺼리지 않습니다. 화가 자신을 제어하면 멋진 모습으로 바뀔 수 있기 때문이지요. 신금은 水를 더 좋아합니다.

　신금은 금, 은, 보석과 같습니다. 이미 연단을 끝낸 자신에 대해 자부심 이상의 자만심을 갖고 있어요. 어느 정도는 도취해 있습니다. 그러다 보니 신금은 경금처럼 불로 연단을 받기보다는 맑은 물을 만나고 싶은 것이지요. 사주에 辛이 있는 사람들은 뛰어난 기술을 보유한 전문 직업인이 될 수 있습니다.

　일간을 따져 봐도 김해경이 간절히 원했던 오행은 水일 것 같지요?

부족한 오행이 무엇인지 판단합니다

　사주공부를 해본 사람은 용신이라는 말을 들어 보았을 겁니다. 이 용신을 운의 좋고 나쁨을 따지는 길흉의 판단으로만 이해하는 사람들이 많습니다. 용신은 사주에서 꼭 필요로 하는 오행입니다. 명식에서 음양의 균형을 맞추려면 있어야 하는 오행이지만 아쉽게도 아예 없거나 혹 있다 하더라도 부족한 경우, 사주의 순환을 책임지는 오행이 용신이 됩니다.

　용신도 따지고 보면 음양의 조화, 음양의 균형과 다르지 않습니다. 그래서 사주를 분석할 때는 따로 용신을 찾으려 하지 말고 음양의 균형을 잘 살피면 됩니다.

목화는 팽창하는 기운이고 금수는 수축하는 기운입니다. 그것을 다시 줄이면 화와 수로 표현할 수 있습니다. 복잡다단한 변화가 일어나는 이 세상도 단순하게 보면 수와 화가 변화를 일으키며 돌고 도는 것으로 이해할 수 있습니다.

김해경 명식에서 음양의 조화를 다시 살펴보지요.

시	일	월	연
金	金	木	金
木	木	金	土

水와 火의 관계

이 사주는 火보다는 水를 더 반깁니다. 水는 반드시 있어야 합니다. 금이 수로 나아가기 위해서도, 목이 생기를 찾기 위해서도 수가 와야 합니다. 火는 水를 보강하고 난 후에 확보해도 됩니다.

金과 木의 관계

금은 쓸데없이 많습니다. 더할 이유는 없겠지요. 목도 더 올 필요는 없습니다만, 그래도 금과 목의 균형에서 보자면 금보다는 목이 오는 게 낫겠지요.

용신(구세주 오행)은 水

이 명식이 균형을 이루려면 수가 있어야 합니다.

용신이라는 과정을 만들어 설명했지만 결론은 음과 양의 균형으로 돌아왔습니다.

수가 지배하는 겨울대운에 일간의 잠재력을 발휘할 수 있습니다.

목과 화는 상황에 따라 보완해주면 됩니다.

지금까지 이상 명식의 구조를 낱낱이 분석했습니다. 처음 한 것은 음양의 균형을 따졌습니다. 금수와 목화를 나누어 접근했고 다시 수와 화, 금과 목의 관계를 보았습니다. 그 다음은 육친을 살폈습니다. 그의 운명을 인성, 비겁, 식상, 재성, 관성의 시선으로 관찰했습니다. 육친 설명 후에는 인식의 주체인 일간을 보았습니다. 그런 다음 부족한 오행을 찾았습니다.

음양의 균형에서는 水가 긴요했습니다. 육친에서는 식상(水)이 필요했고요. 일간도 水를 간절히 바란다고 했지요. 그리고 부족한 오행에서도 水가 필요했습니다.

이런 과정을 통해 하나의 결론을 얻었습니다.

〈이 명식에 순환이 일어나려면 水가 있어야 한다. 목과 화는 토금을 조절할 수 있으니 그런 대로 쓰임이 있다.〉

대운 大運, 人生의 사계절

운명방정식을 분석했으니 대운도 따져봐야겠지요.
대운은 일간이 바라보는 시간이며 일간이 걸어가는 인생길입니다.
한 사람이 평생에 걸쳐 봄여름가을겨울이라는 순환주기를 만나는 것입니다. 양의 해에 태어난 김해경은 대운이 순행하고 6세부터 시작됩니다. 가을을 지나 겨울과 봄으로 이어지는 흐름입니다.

대운진입 전

김해경은 2남 1녀 중 장남으로 1910년 9월 23일 묘시에 서울 종로구에서 태어났습니다. 부친은 활판 인쇄 일을 하다 손가락을 잃은 후, 이발사가 되었습니다. 조부는 장남에게는 공부도 시키고 유산도 물려주었지만 차남인 김해경의 부친에게는 지원을 하지 않았습니다. 배운 것도 없고 가진 것도 없고 더욱이 손가락 장애까지 입은 부친이 겨우 하게 된 이발업은 벌이가 시원찮았습니다.
해경은 남동생이 태어나고 얼마 지나지 않아 아이가 없던 큰댁에 양자로 갔습니다.

대운

| 庚 | 己 | 戊 | 丁 | 丙 |
| 寅 | 丑 | 子 | 亥 | 戌 |

금	토	토	화	화
목	토	수	수	토
46	36	26	16	06

병술丙戌대운 (가을대운의 끝) : 6세에서 15세까지 (1916~1925)

천간은 火, 지지는 土가 지배하는 가을대운입니다. 일간이 한창 성장하는 시기인데 가장 필요한 水가 오지 않았네요. 성장 발육이 왕성하게 일어나기는 힘들겠지요. 그래도 인성(술토)이 작동하는 시기라 배움의 기운은 이어집니다. 다만 수가 없는 때니 그 과정이 몹시 고단할 것입니다.

과정

김해경은 1916년(병진, 6세)에 홍역을 앓았습니다. 당시 가족들은 아이가 죽을 수도 있다고 생각할 정도로 열병은 심각했습니다.
수가 없는 명식인데 대운과 연운에서 화토가 잔뜩 들어왔지요. 화가 토를 생하고 토가 금을 향하지만 금이 나갈 통로(수)가 없어 일간 辛금이 시달렸다고 이해할 수 있습니다.

이후 신명학교에 입학해 4년 과정을 마쳤습니다. 11세에는 동광학교(보성고등보통학교)에 진학합니다. 평소 그림 그리는 것을 좋아했던 김해경은 동광학교에 다니는 동안은 그림에 더욱 몰두했습니다. 그림 종류도 다양해져 풍경화도 그리고 인물화도 자주 그렸습니다. 그러다 1924년 교내 미술대회에 참가해 큰 상을 받습니다. 이 일을 계기로 그는 어렴풋하게나마 자기 안에 예술가로서의 자질이 있음을 발견합니다. 남은 것은 자기 속에 있는 그 재능을 잘 풀어내는 것이겠지요.

그는 왜 그림부터 그렸을까

김해경은 명식에 식상인 水가 없습니다. 식상이 있어야 자기표현이 순조롭게 됩니다. 그런데 1922~1925년(임술 계해 갑자 을축)은 연운에서 수가 이어집니다. 천간은 임수와 계수, 지지는 해수 자수 축토(수를 포함한 흙)가 있지요. 그런대로 일간의 정서를 흘려보낼 통로를 확보한 셈입니다.

여기서 한 가지 생각해볼 게 있습니다. 자기를 표출하는 도구는 그림 말고도 여러 가지가 있을 텐데 그는 하필이면 왜 그림부터 그렸을까요?

그림은 화의 작용(목에서 화로 이어지는 작용)으로 볼 수 있습니다. 글은 목의 역할(수에서 목으로 이어지는 작용)이고요. 그의 명식에는 목은 분명하게 나와 있고 화도 자취는 있습니다. 목은 월일시에 있고 화는 연지에 숨어 있지요. 그러니까 수만 작동하면 글도 쓰고 그림도 그릴 수 있습니다. 어디 그뿐 인가요? 금이 많으니 악기(금에서 수로 이어지는 작용)도 다루고 노래도 할 수 있습니다.

그림부터 그리게 된 건 대운 때문입니다. 명식에 목이 있는데 대운에서 화부터 왔으니 그림 쪽으로 먼저 마음이 기울었을 겁니다. 수가 오는 겨울대운에는 목이 생기를 얻을 수 있으니 시도 쓰고 소설도 쓸 수 있겠지요.

정해 무자 기축丁亥 無子 己丑으로 이어가는 30년 겨울대운

수가 없는 명식인데 수가 지배하는 겨울대운이 왔습니다. 김해경에게 수는 식상이지요. 신금 일간이 식상이 없어 숨도 못 쉬고 답답해하던 차에 대운에서 수가 작동하니 산소호흡기를 마련한 셈입니다. 일간의 활동이 다양하게 전개되겠네요. 일간이 여러 가지 작업들을 시도해 볼 수 있습니다.

화토가 지배하는 천간

다만 우려스러운 점은 금이 수로 나아갈 수 있는 겨울대운이긴 하지만 천간은 화토가 있다는 것입니다. 화가 작동하는 정해대운은 그 자체로는 문제가 없어 보입니다. 하지만 토의 영향이 강해지는 무자, 기축을 향해 흘러갑니다. 결국 수가 작동하는 겨울대운이지만 토를 동반한 겨울이다 보니 일간에게 힘을 온전히 실어준다기보다는 일간의 에너지를 약화시키는 측면이 있습니다. 이것은 수에 의지해 활동 반경은 넓힐 수 있으나 일간의 활력은 소진될 수 있음을 의미합니다.

여기서 이런 생각을 하는 분도 계실 것 같군요. '그럼 김해경이 水대운에 아무 것도 시도하지 않고 가만히 앉아 있었다면 단명하지 않고 좀 더 오래 살 수 있었을까?'

일간을 휘감은 기운

금이 많은 사람이 금을 수로 내보낼 수 있는 겨울대운을 맞았는데 아무런 일도 하지 않고 가만히 있기는 어렵습니다. 수가 작동하는 시기가 되면 자기 안에 웅크리고 있는 금의 기운을 덜어내고 싶어집니다. 자기를 표출하고 싶은 것이지요. 운이 오면 그 운에 휩싸이게 됩니다.

김해경의 경우도 마찬가지입니다. 그는 연운에서 수가 작동할 때도 그림으로 자신을 표현했습니다. 그런데 대운에서 수가 이어지는데 어떻게 활동을 하지 않을 수 있을까요? 만약 그가 아무 일도 하지 않고 그냥 우두커니 앉아 연명에만 신경 썼다면 답답함 때문에 오히려 더 빨리 죽지 않았을까요? 자기 속에 있는 생각, 정서, 감정을 쏟아내 보지도 못하고 말입니다. 그럴 바에는 차라리 자기 할 일을 하는 게 낫습니다. 그 일은 사람마다 다르게 전개되겠지요. 김해경에게는 금을 수로 내보내는 것이 작품 활동으로 드러났던 것이고요.

살펴본 것처럼 김해경의 명식은 목토금만 있었습니다. 수가 없어 지쳐있는 목, 수가 없어 오도 가도 못하는 금, 수가 없어 생명을 키울 수 없는 토가 서로 화합(순환)하지 못한 채 답답해하고 있었지요. 그러다 대운에서 수가 찾아들었으니 모두 바빠집니다. 금은 수를 향해 움직이고 목은 수를 빨아들입니다. 흙도 습기를 품으려 합니다. 다들 자신의 목적에 맞게 수를 활용하려 합니다.

그런데 모처럼 들어온 겨울대운이라 반갑긴 합니다만, 천간에 화토가 있으니 이게 또 아주 만족스럽지는 않습니다. 수가 오긴 왔으나 양(量)에서 보면 그들(명식을 차지한 목토금)이 기대하는 것에는 미치지 못하니까요. 그렇게 생각하면 정해 무자 기축으로 오는 겨울대운 30년보다는 신해 임자 계축이나 계해 갑자 을축으로 오는 30년이 훨씬 좋겠지요.

이제 겨울대운을 10년씩 나누어 살펴봅시다.

정해丁亥대운 (겨울대운 시작) : 16세에서 25세까지(1926~1935)

천간은 화, 지지는 수가 지배하는 겨울대운입니다. 금이 수로 나아갈 통로가 생겼습니다. 길이 없던 명식에 길이 새로 생긴 셈입니다. 막혀있던 숨통이 약간 트인 것이지요. 이제 일간의 표현 욕구를 다양하게 분출할 수 있습니다. 일간의 활동이 다각도로 전개될 것입니다.

과정 1

1926년, 16세에 보성고등보통학교를 졸업하고 경성고등공업학교 건축과에 입학합니다. 화가가 되고 싶었지만 성실한 직업인이 되기를 바랐던 백부의 뜻을 따른 것이지요. 그래도 그림에 대한 열망은 사라지지 않아 공업학교를 다니면서도 그림은 계속 그렸습니다.

1927년, 학교에서 발간하는 회람잡지〈난파선〉의 편집을 맡습니다. 이때부터 시도 쓰고 간단한 메모에 자신의 생각을 기록합니다. 대운에 수가 있으니 목의 작용인 읽고 쓰는 활동도 탄력을 받습니다.

1929년, 조선총독부 상공과에서 근무하고 있던 백부의 소개로 김해경은 학교를 졸업하자마자 조선총독부 내무국의 건축과 기수로 들어갑니다. 그는 건축 설계 일을 하면서도 겨울에는 조선건축회지 〈조선과 건축〉의 표지 도안 공개 모집에 응모해 1등, 3등을 차지했습니다.

1931년, 백부가 뇌일혈로 쓰러져 사망합니다.

여러 편의 시(이상한 가역반응, 파편의 정치, 공복, 삼차각설계도, 오감도 등)를 발표하고 조선미술전람회에 〈자화상〉을 제출합니다. 분주히 움직이던 김해경이 폐결핵 판정을 받습니다.

야속한 연운

여기서 1926~1931년의 연운을 살펴보겠습니다.

병인 정묘 무진, 기사 경오 신미의 흐름으로 전개됩니다. 천간은 화(병정), 토(무기), 금(경신)이 이어갑니다. 지지는 목(인묘), 화(사오), 토(진미)가 있습니다. 대운에서 수가 공급되고는 있지만 연운은 화토금이 많습니다. 일간 신금이 식상 수를 활용해 활동 폭을 넓혀나가지만 에너지의 고갈은 막기 어렵습니다.

만약 연운에서도 수가 들어와 대운과 보조를 맞춰주었다면 일간의 기력이 아주 바닥나지는 않았겠지요.

폐결핵

김해경의 경우, 폐에 문제가 생긴 건 금이 수로 깨끗하게 빠져나가지 못해서입니다. 겨울대운이 와서 활동을 하고는 있지만 수의 양을 생각하면 아쉽기 그지없습니다. 더욱이 정해대운이 지나면 천간은 토가 지배하는 무자, 기축대운이 옵니다.

이쯤 되면 이런 얘기를 하는 독자도 계실 것입니다. "아니 수가 작동하는 겨울대운이 오면 만사형통해야 하지 않냐? 왜 폐에 문제가 생기냐? 이럴 거면 대운이 무슨 소용이냐?"

그런 생각이 들 수 있습니다.

김해경의 명식은 결함이 많습니다. 토금이 목을 압박하는 구조입니다. 그래서 수가 긴요하다고 했습니다. 이 사주가 균형을 회복하려면 천간과 지지 모두 수가 지배하는 대운이 60년쯤 이어져야 합니다. 그러나 60갑자의 흐름상 그러기는 어렵습니다. 일간은 어쩔 수 없이 자신에게 주어진 시간을 관통해야 합니다.

살펴본 것처럼 김해경의 겨울대운은 아쉬운 점이 있었지요. 그래도 그런 겨울마저 오지 않았다면 그는 자신을 표출할 수 없었을 겁니다. 작품도 제대로 남기지 못한 채 그냥 육체적 고통만 경험하고 떠났을 수도 있습니다.

김해경이 자신에게 허락된 시간 안에서 최선을 다해 삶을 꾸려갈 수 있었던 건 흡족하지는 않으나 겨울대운이 찾아들었기 때문입니다.

과정 2

1932년, 소설 〈지도의 암실〉, 시 〈건축무한육면각체〉를 발표합니다.

1933년, 각혈이 심해져 기수직에서 물러납니다. 2년 전 사망한 백부가 그의 몫으로 남긴 유산을 받고 친부모에게 돌아갑니다.

얼마 뒤 휴양을 목적으로 화가 구본웅과 함께 황해도의 백천 온천으로 떠납니다. 그곳에서 기생 금홍을 만나 금홍과 서울로 옵니다. 백부의 유산으로 찻집(제비)을 열고 금홍을 마담으로 앉힙니다.

찻집은 수익 면에서는 시원찮았으나 문인들이 들고나는 공간이 되었고 김해경의 거처 역할도 했습니다. 그는 찻집의 구석방에서 잠도 자고 글도 쓰며 지냈습니다.

1934년, 구인회에 가입하고 〈조선중앙일보〉에 연작시 〈오감도〉를 몇 차례 연재합니다. 무슨 시가 이따위냐는 독자의 항의로 시를 연재할 수 없게 되자 절망감에 찻집도 팽개치고 술집을 돌며 폭음을 일삼았습니다. 이후 박태원이 신문에 〈소설가 구보씨의 1일〉을 연재하게 되자 하융(河戎)이라는 이름으로 삽화를 그렸습니다.

1935년, 찻집이 망하고 금홍도 떠났습니다. 김해경은 다시 카페 '학'을 열었으나 얼마 못 가고 문을 닫습니다. 이후 다방 '69'와 '맥'도 인수했으나 모두 실패하자 자살을 시도합니다.

무자無子대운 (겨울대운 한복판) : 26세 ~ 35세 (1936~1945)

천간은 토, 지지는 수가 지배하는 겨울대운입니다. 폐에 손상이 일어난 마당에 다시 토가 오면 문제가 심각해지겠지요. 그러나 겨울대운이다 보니 일간의 활동은 끊임없이 이어집니다. 자기표현, 자신의 재능을 발휘하는 식상작용을 포기할 수는 없는 것이지요. 문제는 생체에너지가 줄어들고 있다는 것입니다.

과정

1936년, 구인회 동인지 〈시와 소설〉을 편집하고 변동림을 만나 혼인을 합니다. 두 사람의 결혼생활은 3개월을 넘기지 못했습니다. 온전한 가정을 꾸리는 데는 실패했으나 그래도 시와 소설을 쓰며 바삐 지냅니다. 봄여름에 〈지비 1, 2, 3〉, 〈이단〉, 〈조춘점묘〉, 〈명경〉, 〈날개〉 등 많은 작품을 남겼습니다. 가을에는 동경으로 건너갑니다. 김해경은 어둡고 침침한 골방에서 자신에게 허락된 시간이 얼마 남지 않았음을 직감이라도 한 듯 〈종생기〉, 〈권태〉, 〈슬픈 이야기〉 등을 쓰며 작품 활동을 이어갑니다.

1937년, 2월 중순경 일본경찰에 체포돼 한 달가량 갇혀 지내다 보석으로 풀려나 동경제국대학 부속병원에 입원합니다. 그로부터 한 달 뒤인 4월 17일 새벽, 타국 땅의 병실에서 27세의 나이로 사망합니다.

결함 많은 명식

　너무도 짧은 생애를 살고 간 김해경은 자신이 기대한 만큼의 인정을 얻지 못했습니다. 애쓰고 노력하고 고뇌했던 수고로움에 비하면 외부의 승인이나 평가는 시원찮았습니다. 대중은 당연히 그의 작품을 이해할 수 없었지만 문단에서도 흔쾌히 받아들이지는 않았습니다.

　김해경이 쓴 시와 소설이 자기 시대에는 잘 받아들여지지 않았으니 소통을 거부당한 작품이 되고 말았습니다. 물론 그렇게 된 이유는 그가 당시로서는 난해하기 그지없는 작품만을 썼기 때문이라 생각할 수 있습니다. 그러나 명식을 생각하면 다른 이유도 떠올릴 수 있습니다.

　그의 명식은 지나치게 한쪽으로 치우친 구조입니다. 무겁게 내려앉는 분위기지요. 그렇다고 가벼운 기운인 목화만 보강한다고 해결되는 상황도 아니었지요. 수도 없이 금만 많다 보니 금을 수로 내보내는 과정이 필요했습니다.

자기 소임을 이행한 사람

　흠결이 많은 명식이다 보니 수대운이 왔으되 문제를 완전히 해결하기는 어려웠습니다. 그러니까 일간이 열심히 활동을 하고 갔지만, 일간이 일거리를 많이 만들고 노력했지만 당장은 성과로 이어질 수 없었던 겁니다. 그래도 그는 자신에게 허락된 마지막 순간까지 자기 소임을 성실하게 이행했습니다.

　당장 찾아먹을 분복이 얼마 되지 않는다고, 돌아오는 평판이 만족스럽지 않다고 작업을 게을리 했다면 김해경이라는 이름도, 그의 작품도 모두 사라지고 말았겠지요.

작가는 소통이라는 것을, 정서의 공명을 당대에서만 갈구하는 사람이 아니지요. 그 과정을 잘 알고 있었기에 김해경은 길지 않은 생애 안에서나마 열심히 자신을 표출하고 갔습니다. 자신의 작품을 자기보다 더한 애정으로 기꺼워할 먼 훗날의 독자를 상상하면서.

생애, 할 수 있는 것들을 해야 하는 시간

우리들 대부분의 삶도 그렇습니다. 그저 주어진 시간 안에서 할 수 있는 일을 힘껏 하는 것이지요. 물론 자기 당대에 많은 것을 찾아먹고 가는 인생도 있습니다. 한 생애 안에서 어쩌면 저리도 많이 누릴 수 있을까, 싶을 정도로 엄청난 것들을 고스란히 삼키고 떠나는 사람들도 있으니까요.

그러나 60갑자의 순환을 고려하면 그들도 향유한 시간만큼 되갚아야 할 채무의 시간을 만나게 돼 있습니다. 세상 이치가 그렇습니다. 만끽한 것이 있으면 내놓아야 하는 것이 있지요.

지금까지 김해경의 명식을 보았습니다. 이제 김해경보다 11살 늦게 태어난 시인 김수영의 운명을 보겠습니다.

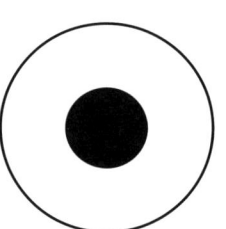

김수영 金洙暎, 나를 감시하는 나

　　김수영은 시와 산문을 쓸 때 자신을 얘기했지요. 자신과 자신을 에워싼 일상의 여러 겹들을 모두 드러냈습니다. 글쓰기 자체가 고백하는 작업이 되었던 셈입니다. 고백하는 사람은 갈망하는 게 있지요. 내가 나를 숨기지 않고 들춰내면 조금은 가벼워질 거라는, 홀가분해질 것이라는 기대 정도는 품습니다. 그래서 자기를 폭로하면서도 은연중에 자기변호나 자기 연민을 불러올 수 있는 희미한 조각 하나를 끼워놓게 되지요. 가끔은 자기 정당화를 위한 시도도 하게 됩니다.

　　김수영의 고백은 달랐습니다. 그는 자기변호의 씨앗을 없애는 것에서 그치지 않고 아예 자기를 단죄했지요. 그 누구도 연민의 시선을 보내기 어려운, 아니 비난받아 마땅한 행위나 생각을 고스란히 작품에 옮겨놓고는 자신을 벌했습니다.

　　이제 자기 정당화가 안 되는 한 개인, 그래서 글을 통해 자기를 처벌할 수밖에 없었던 시인, 김수영의 운명을 살펴보겠습니다.

김수영

양력 1921년 11월 27일 미시 출생

시	일	월	연
辛	甲	己	辛
未	午	亥	酉

金	木	土	金
土	火	水	金

관성	일간	재성	관성
재성	식상	인성	관성

대운

甲	乙	丙	丁	戊
午	未	申	酉	戌

목	목	화	화	토
화	토	금	금	토
47	37	27	17	07

운명방정식, 이렇게 푸세요

　김수영의 생년월일시를 만세력에서 찾아 사주(네 기둥)와 팔자(여덟 가지 요소)를 세워야겠지요. 그것을 오행으로 바꾸고 일간을 중심으로 육친을 적습니다. 남자가 음의 해에 났으니 대운은 역행합니다.
　사주, 오행, 육친, 대운이 있으니 그의 운명을 분석해보지요.

음과 양의 비율을 가늠합니다

　제일 먼저 할 것은 사주의 여덟 가지 요소를 따져보며 음양의 무게를 파악하는 것입니다. 운명분석에서 제일 중요한 것이 바로 이 단계지요. 사주를 구성하는 각 요소를 음과 양으로 나눠 균형을 맞춰보는 겁니다. 사주에서 음과 양을 저울질해 중화를 이루었는지 아닌지를 판단하는 거지요.
　중화는 수축과 팽창이 평형을 이룬 것입니다.
　오행에서 수축하는 힘은 金水로 표현되고 팽창하는 기운은 木火로 나타납니다.
　사주를 분석할 때는 천간보다 지지를 중시합니다. 지지 중에서는 월지의 영향이 가장 큽니다. 월지를 지배하는 오행을 눈여겨 봐야합니다.
　목화와 금수를 따져보지요.

시	일	월	연
金	木	土	金
土	火	水	金

木은 일간에 있습니다. 火는 일지에 나와 있네요.

金은 연간, 연지, 시간에 보입니다. 水는 월지에 보입니다.

이제 목화 대 금수로 배치해봅시다.

목화(일간, 일지) : 금수(연간, 연지, 월지, 시간)로 금수 쪽이 약간 강해 보입니다. 사주에서 금수가 우세하다는 것은 수축하는 기운이 팽창하는 힘보다 우위에 있다는 말입니다.

수와 화

이제 목화와 금수를 나누어 수와 화, 금과 목의 관계로 살펴봅시다.

먼저 수와 화를 보지요. 위에서 살핀 바로는 수도 1개, 화도 1개 있었습니다. 수는 월지를 차지했고 화는 일지에 들어 있습니다. 월지의 영향력이 강하다고 했으니 화에 비해 수가 더 강하다고 생각할 수 있겠네요.

금과 목

금과 목의 관계는 어떨까요? 목은 1개인데 금은 3개나 있습니다.

나무가 위협을 받고 있는 상황입니다. 나무가 금에 짓눌려 있습니다. 균형을 이루려면 목을 더 보강해야겠습니다.

좀 전에 보았던 수와 화의 관계에서는 화보다 수가 강해보였습니다. 그래서 화에게 힘을 실어주어야 할 것 같았지요. 금과 목의 관계를 따지다 보니 금은 많고 목은 부족하다는 것을 알았습니다. 당연히 목을 지원해야겠지요.

여기서 목을 살리는 방법을 함께 고민해봅시다.

나무가 잘 자랄 수 있으려면 자양분이 풍부한 땅에 뿌리를 내려야겠지요. 또 필요한 물을 확보해야 하고 햇빛도 비춰주면 좋습니다. 그래야 가지와 줄기를 쭉쭉 뻗을 수 있습니다.

목의 상황

이 명식의 나무는 촉촉한 땅에 뿌리를 내리지 못했습니다.

일지는 이글거리는 불이 있고 시지는 건조한 흙이 있습니다. 연지는 나무의 뿌리를 다치게 하는 금이 보입니다. 그나마 월지에 수가 있으니 천만다행입니다. 이 수마저 없었다면 나무는 생명을 포기했을지 모릅니다. 그렇게 생각하면 나무는 화가 오는 것보다는 수가 오는 걸 더 바랄 것 같지요?

이거 이상하군요. 아니 수와 화를 살필 때는 화가 필요해 보였는데 금과 목의 관계를 따지다 보니 수가 더 필요한 상황이 되었습니다. 수가 오면 목만 좋아할까요? 그렇지 않습니다. 명식을 차지한 모든 요소들이 다 기뻐합니다. 금은 수로 빠져나갈 수 있으니 좋고 토도 수로 적실 수 있으니 좋습니다. 화도 수가 오는 걸 싫어하지 않습니다.

화는 왜 수를 꺼리지 않을까요?

수가 오지 않으면 자신도 힘듭니다. 많은 금을 직접 제어해야 하니까요. 수가 오면 금이 수로 향하니 금과 맞설 이유가 없습니다. 게다가 수가 오면 나무가 튼튼해지겠지요. 그럼 그 나무에 기대어 화의 불길도 유지할 수 있으니 무턱대고 수를 못마땅해하지는 않습니다. 수는 이래저래 유용합니다. 물론 수를 가장 반기는 건 나무겠지요.

토

월간과 시지에 토가 있지요. 그래도 습기를 간직한 흙이 아니다 보니 명식의 순환에는 도움이 되지 않습니다. 그럼 운에서 건조한 흙(무토 기토 미토 술토)이 오는 건 반갑지 않겠지요. 자양분을 머금은 진토나 축토가 오는 것은 괜찮습니다. 습토가 오면 갑목이 안정감을 얻을 수 있습니다.

앞에서 이 명식은 금수가 우세하다고 했지요? 그렇지만 목화만 보강한다고 중화를 이루는 구조도 아니었지요. 세부적으로 따지니 금은 필요치 않고 수가 다급한 명식이 되었습니다. 그래서 다음과 같이 정리할 수 있습니다.

음양의 균형에서 나온 결론

이 사주는 전체적으로는 음이 강하다. 그러나 금과 수가 고르게 분포돼 있지 않다. 금에 비해 수는 약하다. 수가 와야 명식의 균형을 맞출 수 있다. 수가 있어야 목도 성장을 이어간다. 이 명식이 절실히 원하는 오행은 수다. 수가 필요한 이유는 분명하다.

첫째, 금을 수로 내보낼 수 있다. 둘째, 지쳐있는 목에게 원기를 북돋울 수 있다. 셋째, 명식의 조화를 꾀할 수 있다.

그다음으로 바라는 것은 목이다. 금이 목보다 강한 구조이니 목이 더 오면 좋다.

금을 유순하게 내보낼 수 있는 수가 오면 부드러운 순환이 일어난다. 부족한 목을 응원할 수 있는 목이 오는 것도 반길만하다. 습기를 품은 흙도 나쁘지 않다.

육친을 적용합니다

음양의 비율을 따지고 나면 육친을 살핍니다.

육친은 일간을 중심으로 발생하는 관계를 말합니다. 인성, 비겁, 식상, 재성, 관성의 다섯 가지 요소에 일간까지 더해 육친, 혹은 육친 관계라 부릅니다. 육친은 사주를 인생사에 적용하기 위해 나왔습니다. 운명을 해석해보는 것이지요. 의미를 제대로 알면 한 사람을 온전히 이해할 수 있습니다.

육친은 일간을 기준으로 정하는 것이니 일간을 제외한 일곱 곳에 표시합니다. 육친을 보면 일간을 둘러싼 환경을 속속들이 이해할 수 있습니다. 한 사람이 일생에 걸쳐 만들어내는 파장을 알 수 있습니다.

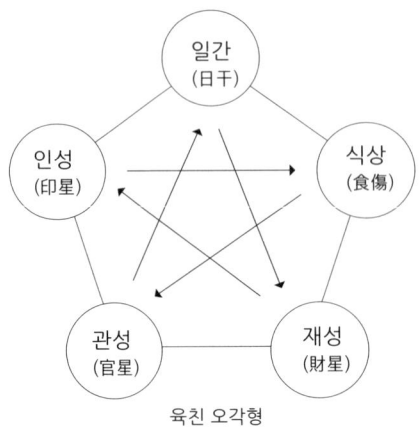

육친 오각형

```
 시    일    월    연
 金    木    土    金
 土    火    水    金
```

관성　일간　재성　관성

재성　식상　인성　관성

　육친을 보니 일간(목)을 상생하는 인성(수) 1개, 일간의 능력을 뽐내는 식상(화)이 1개 있습니다. 일간의 정체성을 강화시키는 비겁(목)은 없고 일간이 상극하는 재성(토)은 2개가 보입니다. 일간을 제어할 관성(금)은 3개나 있습니다.

인성

　이 명식은 인성이 월지에 있습니다. 연월에 인성이 있으면 태어나고 자라는 동안 윗사람의 보호와 기대가 이어집니다. 연간과 연지, 시간을 차지한 관성 금에 비하면 인성은 좀 약하지요? 그래도 가장 영향력이 강한 월지에 있으니 인성의 역할을 하고 있습니다. 일간 갑목의 성장을 위해 안간힘을 쓰면서 말입니다.

　인성은 관계로는 모친, 윗사람, 선배를 의미합니다. 월지 해수가 일간 갑목을 지키기 위해 노력한 것처럼 실제로 김수영의 모친은 아들을 위해 애를 많이 썼습니다. 돈벌이를 제대로 하지 못하는 큰아들을 나무라지 않았습니다. 연극을 하건 글을 쓰건 아들이 하는 일을 그저 지켜볼 뿐이었지요. 그러면서 주변사람들의 눈에 혹시라도 장남이 게으른 사람으로 비칠까 봐 걱정을 했습니다. 그가 할 일없이 빈둥거리며 돈을 벌지 않는 게 아니라 자기 딴에는 애를 쓰는데 그게 돈으로 잘 연결되지 않는 것뿐이라며 무척 안타까워했습니다.

비겁

　일간이 나무(갑목)이니 비겁은 을목, 인목, 묘목입니다.

　이 명식은 토금에 비해 목이 약합니다. 이런 경우는 비겁이 있으면 일간에게 도움이 됩니다. 일간 혼자서는 하기 어려운 일이 생기면 비겁이 거들어주니까요. 일간이 미처 생각하지 못하는 일상의 번거로운 일도 비겁이 알아서 처리해 줍니다.

좀 전에 이 명식은 비겁이 없다고 했지요? 그건 드러난 비겁은 없다는 얘기였습니다. 그럼 숨은 비겁은 있다는 소리지요.

월지를 차지한 해수 속에 일간과 꼭 닮은 갑목이 있습니다. 또 시지의 미토에도 을목이 있습니다. 해수에 깃든 갑목과 시지의 미토는 자신의 모습을 드러내지 않은 채로 일간 갑목에게 힘을 실어줍니다. 자신들은 숨은 존재가 돼 있어도 일간 갑목이 세상에서 주목받기만을 간절히 원하는 것이지요.

비겁은 관계로 따지면 형제, 자매, 친구, 동료가 됩니다.

김수영은 드러난 비겁은 없지만 숨은 비겁이 있어서인지 형제가 많았습니다. 그는 8남매 중 맏이였습니다. 위에서 살핀 대로라면 일간에게 도움이 되는 동생들이 있어야겠지요. 만약 김수영을 위해 애쓰고 노력하는 동생들이 없다면 해수 속의 갑목을 설명할 수 없으니까요.

흥미로운 점은 김수영을 지원해주는 동생들이 정말 있었다는 것입니다. 물론 김수영이 맏이였으니 뭐 당연히 그럴 수 있는 거지, 하고 대수롭지 않게 여길 수 있습니다. 그런데 해수 속의 갑목, 미토 속의 을목을 생각하면 그냥 무심히 넘길 수 없는 측면이 있습니다.

숨은 비겁

특히 한 살 아래의 남동생 김수성은 모친과 함께 집안의 경제적 문제를 감당했습니다. 해방되기 얼마 전에는 동대문 시장에서 미나리를 산 다음 인천의 중국인촌에 가서 팔았습니다. 이후에는 비누, 약품, 담배 등의 보세 물품을 받아 팔았고 얼마 뒤에는 지인의 소개로 교통부에 들어가 공무원 생활을 했습니다. 그는 직장에 다니면서도 식당을 꾸리는 모친을 도왔습니다. 새벽에는 설렁탕과 빈대떡의 재료를 사다 놓았고 퇴근 후에도 식당으로 와 일을 거들었습니다.

남북전쟁 중에는 인쇄업을 하는 이모를 따라 부산으로 가 돈을 벌었습니다. 휴전이 되고 나서는 시청에서 공무원으로 근무하며 가족을 챙겼습니다.

김수영이 한강 근처의 구수동에 살 때는 온 동네가 동생의 도움을 받은 적도 있습니다. 당시 구수동 일대에는 무허가 건물이 많았습니다. 김수영이 산 집도 무허가였습니다. 그래도 집이 헐릴 거라는 생각은 꿈에도 하지 않았는데 어느 날인가 동사무소로부터 집이 철거될 거라는 통보를 받았습니다. 이 소식에 동네는 발칵 뒤집혔고 주민들은 시청으로 몰려가 항의를 했습니다. 뒤늦게 사정을 전해들은 동생은 자기가 좀 더 알아보고 연락하겠다고 형을 돌려보냈습니다. 며칠 뒤, 김수영을 포함한 동네 주민들은 동사무소로부터 철거계획이 취소되었다는 통보를 받았습니다. 동생 덕에 살던 집에서 계속 살 수 있게 되었으니 형으로서는 은혜를 입은 셈이지요.

식상

일간이 목이니 식상은 火고 일지에 강한 오화가 있습니다. 시지의 미토에도 정화가 깃들어있습니다.

식상은 개인적 기질에서 나오는 개성과 재능입니다. 창조적 발상을 하기 때문에 고집이 강합니다. 자신이 원하지 않는 일이거나 자신의 성향과 다를 경우, 감내하기보다는 거부감을 드러냅니다.

식상이란 기운은 일간과 친밀한 오행이기에 자신의 기분에 따라 표현되는 작용입니다. 이런 식상이 일간과 가까운 곳에 있으니 갑목은 마음껏 자기표현을 하려 들겠지요.

원래 식상은 일간의 욕구를 표출하게 도와주니 고마운 육친입니다. 하지만 지나치면 일간의 품격을 떨어뜨릴 수 있습니다. 이 명식은 연과 시에 관성이 있어 식상이 있어도 일간의 품위가 손상되지 않습니다. 일간 역시 무턱대고 재주와 능력을 펼쳐보이지는 않습니다. 자기 감각, 자기 기질, 자기 재능을 믿고 일을 추진하되 주변상황이나 분위기와 조화를 이루기 위해 신경을 씁니다.

식상의 순환

식상만 있으면 재능을 쉽게 표출할 수 있을까요?

사람들로부터 환영받고 큰돈도 벌 수 있을까요? 그렇지 않습니다. 식상이 나아갈 곳, 재성과의 관계도 순조로워야 합니다. 김수영의 식상은 火였지요? 화 식상이 향하는 곳은 토 재성이 되겠네요. 명식을 보면 식상을 받아줄 토 재성이 있습니다.

문제는 일간과 식상, 식상과 재성, 일간과 재성의 관계가 모두 매끄럽지 않다는 것입니다. 왜 그럴까요?

일간은 촉촉한 토양에 뿌리를 내린 나무가 아니지요. 월간의 기토나 시지의 미토는 습기를 간직한 흙이 아니다 보니 나무의 뿌리를 튼튼히 하기 어렵습니다. 일지에는 타오르는 불이 있습니다.

일간과 식상의 관계가 불편하다는 것은 목에서 화로 가는 과정이 고단하다는 것입니다. 일간이 자신의 활동을 풀어내는 과정이 쉽지 않습니다. 글을 쓰건 번역을 하건 에너지를 많이 소모하게 됩니다.

식상과 재성의 관계도 따져 보지요.

이것은 일간 목이 기력을 소진하며 식상 화에 도달한 다음 과정이겠지요. 화는 토와 어떤 관계를 맺을까요? 식상이 재성을 상생하는 식상생재가 일어날까요? 그렇다면 일간은 자기 재능으로 돈을 잘 벌 수 있겠지요. 그건 흙의 상태를 보면 알 수 있습니다. 화를 반갑게 맞을 수 있는 촉촉한 토양이라면 식상과 재성의 관계가 좋은 것이지요. 그게 아니라면 상황은 정반대가 돼 버립니다.

이 명식은 식상과 재성의 관계가 원활하지 않습니다. 그래서 일간과 재성의 관계[08]도 매끈하지 않습니다. 불협화음이 발생하는 것이지요.

김수영은 독창성과 창조력을 발휘할 수 있는 식상이 있으니 자신의 재주와 능력을 분출할 수밖에 없습니다. 그러나 명식의 구조를 생각하면 시를 쓰고 산문을 만들고 번역작업을 했던 과정이 얼마나 힘겨웠을지 조금은 짐작할 수 있습니다.

---

08   이런 상황이니 수라도 넉넉히 공급되면 좋겠지만 그것도 원활하지 않습니다. 더욱 나쁜 건 연과 시에는 나무를 위협하는 금이 버티고 있다는 겁니다.

재성

재성을 보기 전에 먼저 재성의 위치를 잘 살펴보세요.

```
金   木   土   金
土   火   水   金
```

```
관성   일간   재성   관성
재성   식상   인성   관성
```

일간이 목이니 재성은 토가 됩니다. 음양의 균형을 살필 때 마른 토는 더 필요치 않다고 했습니다. 혹 온다면 습기를 머금은 흙이어야 한다고 했지요. 마른 흙이 오는 것은 명식의 균형을 방해할 뿐입니다.

식상을 설명하면서 재성도 잠시 등장했지요. 식상과 재성의 연결이 순조롭지 않고 재성과 일간의 관계도 불편하다고 판단했습니다. 이제 일간과 재성의 관계, 재성의 작용을 살펴봅시다.

관계

남성에게 재성은 아버지, 아내를 의미합니다. 김수영 명식은 일간도 불편하고 재성도 불안정한 구조입니다. 편안하지 않은 요소들이 마주치면 어떤 상황이 벌어질까요? 재성은 재성대로 짜증스럽고 일간은 일간대로 속이 상하겠지요. 재성은 일간을 위해 애를 쓰고 일간도 재성의 기대에 부응하려고 노력하지만 둘 사이가 매끄럽게 돌아가지 않습니다. 일간이 목이니 재성은 습기와 영양분을 간직한 축축한 흙이면 좋겠지요. 그럼 일간과 재성의 관계도 원만하고 더불어 명식의 균형도 이룰 수 있습니다.

지금처럼 바싹 마른 흙이 재성으로 나와 있으면 일간과 재성은 자연스레 상대를 원망하는 정서가 생기기 마련입니다. 이 정서는 자신들도 모를 수 있습니다. 의식 차원에서는 서로를 위하는 마음만 포착되는 것 같아도 무의식 영역에서는 상대를 향한 원망과 탄식이 자리 잡고 있습니다. 어느 쪽이 좀 더 불편할까요? 일간과 재성 중 누가 더 힘이 들까요?

일간이 더 고단합니다. 일간이 재성을 부담스러워하는 것이지요. 재성도 재성대로 기대가 제대로 채워지지 않으니 불만스럽기는 합니다만 그래도 재성은 일간을 부담스러워하지는 않습니다. 오히려 일간에게 부담을 지우는 쪽이지요. 재성이라는 자리가 원래 그렇습니다. 일간에게 요구하는 것이 많을 수밖에 없지요. 일간은 다릅니다. 모든 게 자기 책임인 것 같아 불편합니다. 재성이 부담스럽다 못해 무섭습니다.

일간과 재성의 부조화 사례

김수영이 태어나고 자라는 동안 부친은 신경을 많이 썼습니다. 병약하게 태어난 아들이 혹시라도 잘못 될까 노심초사하며 지냈습니다. 조금이라도 아픈 기색이 보이면 용하다는 병원을 찾아다니며 아이의 상태를 살폈습니다. 교육에도 열성이었습니다. 3세 때는 유치원에 보냈고 5세에는 서당에서 천자문을 배우게 하는 등 최상의 교육 조건을 만들어주었습니다. 오래 기다려 얻은 아들자식이라 더욱 그랬습니다.

그러나 아이는 자주 아팠고 13세에는 장티푸스에 걸려 1년을 누워 지냈습니다. 어찌되었건 아버지가 아들에게 쏟는 정성만큼 아들은 보답하지 못했습니다.

아들을 챙기는 아버지의 열성도 문제는 있습니다. 김수영은 일간과 재성의 관계가 원만하지 않은 명식입니다. 그런데 부담스런 재성이 일간을 챙기고 있으니 일간의 상태도 나아지기 어렵겠지요. 결국 애쓰고 노력한 효과를 볼 수는 없었던 것입니다.

결혼을 하고 나면 어떨까요? 이 명식에서 아내는 일간과 가까운 시지의 미토로 볼 수 있습니다. 갑목이 진정 바라는 건 촉촉한 땅이건만 건조한 미토가 왔습니다. 이런 상태라면 배우자와의 불편함도 예상할 수 있습니다.

작용

재성은 식상에서 한 단계 더 나아간 것이지요. 재성을 보면 일간의 경제 활동을 짐작할 수 있습니다. 경제적 여건이나 재산의 형태도 헤아릴 수 있습니다.

식상을 살필 때 김수영은 일간과 식상, 식상과 재성, 재성과 일간이 모두 매끄럽지 않다고 했습니다. 일간과 재성이 서로 원만하지 않다는 건 일간이 돈을 벌어들이는 과정도 쉽지 않다는 것입니다. 경제활동을 하기도 어렵지만 혹여 한다고 해도 성과를 올리기 어렵습니다. 들이는 노력에 비하면 나오는 생산성은 형편없다는 얘깁니다. 수분을 함유한 기름진 땅에 뿌리박은 나무가 아니니 열매를 맺기 어려운 거지요. 이런 경우는 일간이 활동을 많이 하면 안 됩니다. 특히 땅과 밀착된 일은 하면 할수록 지칩니다. 농사를 짓고 가축을 키워 돈을 벌수는 없습니다. 물상을 직접 대하는 것보다는 정신성에 기대는 것이 낫습니다. 월지에 인성이 있으니 배우고 익히는 쪽으로 방향을 잡는 것이지요. 읽고 쓰고 말하는 활동이 맞습니다.

관성

관성은 일간을 압박하는 구속이나 제약, 자신을 객관적으로 볼 수 있는 시선, 욕망을 제어할 수 있는 헤아림의 능력 등을 의미합니다. 관성이 있으면 타자의 관점에서 자신을 바라봅니다. 자신을 냉정한 시선으로 대합니다. 누가 뭐라고 하지도 않았는데 자신의 일거수일투족을 마치 이해관계의 당사자인 양 들추어냅니다.

김수영은 일간이 목이니 관성은 금입니다. 연에서부터 목을 제어하는 관성이 있습니다. 시에도 관성이 나와 있고요. 관성이 있으니 자신을 잘 다스릴 것입니다. 문제는 일간이 제대로 자라기도 전에 금에 짓눌려 있다는 것입니다. 가뜩이나 허약한 나무를 관성이 압박하고 있습니다. 나무로서는 이것저것 신경 쓸 게 너무도 많습니다. 자신을 관찰하는 감시 카메라가 도처에 있는 것처럼 느껴집니다.

일간이 관성과 조화를 이루려면

관성은 일간을 상극하는 힘이니 인성으로 대처하는 것이 가장 좋습니다. 이것을 관인상생官印相生이라 합니다.

인성이 탄탄하면 관성은 일간에게 부드럽게 전달됩니다. 관성이 일간을 곧바로 제어하지 않고 인성으로 순화되었기 때문이지요. 통로가 있으면 상극을 상생으로 바꿀 수 있습니다. 일간이 약한데 인성도 약하면 일간은 관성이 불편할 수밖에 없습니다.

김수영은 자기 기질을 표출하는 식상이 있어 자기 기분대로 행동하는 것 같아도 관성이 있어 자기조절을 합니다. 잘못한 일이 있다면 가던 길을 멈추고 자신을 돌아봅니다.

일간을 옥죄는 관성

그는 일상에서 있었던 일을 작품에도 자주 썼는데요. 비 오는 거리에서 아내를 우산으로 때렸다는 내용의 시, 아내 아닌 여자와 잤다는 이야기가 나오는 시도 썼습니다. 작품의 내용만 보면 그는 아내를 함부로 대하는 것 같은데 이게 어찌 된 걸까요? 재성에서 살핀 대로라면 그는 아버지나 아내를 무서워하는 쪽인데 어떻게 아내를 팰 수 있었을까요?

재성이 일간을 불편하게 하니 그 재성을 상대로 일간이 분풀이를 하는 걸까요?

그렇지 않습니다. 그가 작품에 일상의 일, 특히 아내와의 일을 언급하는 건 관성 때문입니다. 약한 나무가 자신을 성찰하게 만드는 관성이 연에도 있고 시에도 있으니 무슨 회로가 작동하는 것처럼 반성하고 또 반성합니다. 김수영은 일지에 식상이 있어 행동이 순간적으로 튀어나올 수 있는 구조입니다. 그러나 관성이 강하게 작동하고 있어 일간은 자신의 행위를 두고두고 곱씹습니다. 무슨 보고서를 쓰듯 자신을 까발리는 것이지요. 만약 관성이 연에만 있었다면 살아가면서 적당히 자기에게 너그러워질 수도 있었겠으나 관성이 시에까지 나와 있으니 그럴 수도 없습니다.

　인성 < 관성

　관성이 불편한 김수영은 직장생활을 하기 어렵습니다. 직장은 싫든 좋든 명령체계를 따라야 하는 곳입니다. 구성원이 되려면 규율과 규제를 받아들여야 하지요.

　일간이 관성의 제어를 충분히 감당할 수 있으면 즉 인성과 관성이 조화롭게 배치돼 있으면 일간은 조직의 구성원으로 활동할 수 있습니다. 김수영처럼 일간을 도와주는 인성이 약하면 관성의 압박을 감내할 수 없습니다. 일간 목은 월지 水와의 연결이 순조롭지 않습니다. 일간 주변을 화토금이 에워싸 갑목과 해수의 접속을 방해하기 때문이지요. 인성이 천간에 하나쯤 나와 있었다면 교수가 되거나 연구자의 길을 걸었을 것입니다.

　김수영의 육친을 모두 살폈습니다. 이제 내용을 정리해봐야겠지요.

육친에서 얻은 결론

　다급하고도 절실한 육친은 인성(수)이다. 일간이 약하니 비겁(목)도 괜찮다. 재성은 습기를 머금은 축토나 진토가 올 경우 도움이 된다. 식상(화)과 관성(금)은 더 필요치 않다.

일간을 탐색합니다

일간은 한 개인의 정체성을 가장 강하게 드러냅니다. 일간을 살피면 한 사람의 내면을 이해할 수 있습니다. 김수영의 일간은 甲木이지요. 갑목을 따져보면 김수영을 좀 더 잘 이해할 수 있겠군요.

甲이라는 글자를 보면 밭전田자에 꼬리를 단 모양입니다. 땅 밑에서부터 흙을 뚫고 나와 점점 자라는 새싹의 모습을 닮았습니다. 갑목은 대단한 자부심을 가지고 바르게 성장하려는 기세를 가졌습니다.

直의 성정

갑목은 개척자 정신을 가졌습니다. 없는 길을 자신이 만들어나간다는 포부가 있습니다. 그래서 몸을 사리지 않고 뚜벅뚜벅 앞으로 나아갑니다.

목의 성질을 곡직曲直으로 표현할 때 갑목은 직선으로 곧게 뻗어 나가는 直의 성질이 있습니다. 갑목은 곧은 나무에 비유됩니다. 曲은 직에서 변화한 것으로 부드럽고 유연하게 자라는 기운입니다. 을목은 곡의 성질이 있습니다. 갑목은 자신의 꼿꼿한 기질 때문에 일을 할 때 융통성을 발휘하지 못합니다. 갑목은 타협, 협상 같은 말을 싫어합니다. 무슨 일이든 곧이곧대로 처리하려 합니다. 여러 갈래로 벌어지며 휘는 곡曲의 성품을 가진 을목은 변화하는 환경에 부드럽게 대처할 수 있지만 갑목은 그러기 어렵습니다. 구차한 거래를 하느니 차라리 부러지는 쪽을 택하겠다는 것이지요.

부족한 오행이 무엇인지 판단합니다

음양의 조화를 다시 살펴보지요.

金 木 土 金
土 火 水 金

水와 火의 관계

이 사주는 火는 더 필요하지 않고 水가 와야 합니다.
수가 오면 일간 갑목을 도울 수 있고 관성 금을 내보낼 수 있습니다.

金과 木의 관계

목에 비해 금이 많습니다. 목을 보강해주면 좋겠습니다.

구세주 오행은 水와 木

이 명식이 균형을 이루려면 수, 목이 필요합니다. 습토가 오는 것도 좋습니다.
부족한 오행을 살피다 보니 결국 음과 양의 균형으로 돌아왔습니다.

지금까지 김수영 명식을 분석했습니다. 처음 한 것은 음양의 균형을 따졌습니다. 금수와 목화를 나누어 접근했고 다시 수와 화, 금과 목의 관계를 보았습니다. 그 다음은 육친을 살폈습니다. 그의 운명을 인성, 비겁, 식상, 재성, 관성의 시선으로 관찰했습니다. 육친 설명 후에는 인식의 주체인 일간을 보았습니다. 그런 다음 부족한 오행을 찾았습니다.

   음양의 균형에서는 水와 木이 긴요했습니다. 육친에서는 인성(水)과 비겁(木)이 필요했고요. 부족한 오행에서도 水와 木이 필요했습니다.

   이런 과정을 통해 하나의 결론을 얻었습니다.

〈이 명식에 순환이 일어나려면 水가 있어야 한다. 일간 목이 약하니 목이 오는 것도 좋다. 일간의 뿌리를 튼튼히 만들 습토도 쓰임이 있다.〉

대운大運, 人生의 사계절

운명방정식을 분석했으니 대운도 따져봐야겠지요.

대운은 일간이 바라보는 시간이며 일간이 걸어가는 인생길입니다.

한 사람이 일생에 걸쳐 만나는 계절입니다. 음년에 태어난 김수영은 대운이 역행합니다. 대운이 들어오는 시기는 7세입니다. 가을을 지나 여름과 봄으로 이어지는 흐름입니다.

대운진입 전

김수영은 8남매 중 장남으로 1927년 11월 27일 오후에 서울 종로구에서 태어났습니다. 조부는 많은 농토를 가진 지주였고 부친은 지전상을 하고 있었습니다. 수영은 큰아들이기는 했지만 순서로 따지면 세 번째였습니다. 부모는 수영이 태어나기 전 아들과 딸을 낳았으나 모두 죽었습니다.

대를 이을 자손을 학수고대하던 중에 얻은 아들이었지만 가족은 기쁨보다는 걱정이 많았습니다. 아이는 눈만 또렷했지 썩 건강해보이지 않았습니다. 돌이 될 때까지 앓지 않은 병이 없을 정도로 자주 아팠습니다. 한 번 걸리면 기침이 100일 동안 이어진다는 백일해와 폐에 염증이 생기는 폐렴으로 고생을 하더니 먹은 것을 제대로 흡수하지 못하는 소화불량까지 겹쳐 생기라고는 찾아보기 어려웠습니다. 다행히 돌을 지나면서 건강은 조금씩 나아져 3세에는 유치원을 다녔고 5세 때는 서당에서 천자문을 배웠습니다.

일간을 일으켜 세운 연운

김수영이 태어난 신유년은 천간과 지지에 모두 금이 들어있습니다. 수가 부족한 명식이니 금이 수로 깨끗하게 빠져나가기 어려워 호흡기 질환을 앓았다고 이해할 수 있습니다.

그래도 건강이 더 나빠지지 않고 기운을 차린 것은 연운에서 수와 목이 이어졌기 때문입니다. 22년~28년은 연운이 임술, 계해 갑자 을축, 병인 정묘 무진으로 흐릅니다. 천간은 수(임수, 계수)와 목(갑목, 을목)이, 지지는 수(해수, 자수)와 목(인목, 묘목)과 습토(축토, 진토)가 지쳐있던 일간 갑목에게 힘을 실어줍니다. 하마터면 생명의 기운을 펼쳐보기도 전에 꺾이고 말았을 갑목을 연운이 나서 억지로 일으켜 세운 것이지요.

대운

壬	癸	甲	乙	丙	丁	戊
辰	巳	午	未	申	酉	戌
수	수	목	목	화	화	토
토	화	화	토	금	금	토
67	57	47	37	27	17	07

무술 정유 병신戊戌 丁酉 丙申으로 이어가는 30년 가을대운

金이 불편한 명식인데 금이 지배하는 가을대운을 통과해야 합니다.

갑목 일간 김수영에게 금은 관성이지요. 가뜩이나 약한 일간이 자신을 압박하는 금의 세력에 휘둘릴 위험이 있겠군요. 사주에 水만 충분하면 걱정할 필요가 없겠지만 그렇지 못하니 우여곡절을 겪을 것입니다.

걱정스러운 것은 천간까지 불편한 기운이 배치돼 있다는 것입니다. 지지야 어쩔 수 없다 하더라도 천간은 수가 오면 좋을 텐데 천간까지 토와 화가 차지했습니다. 더욱 나쁜 것은 처음 맞는 대운이 무술이라는 것입니다. 유년기와 아동기를 건조한 토가 관리하고 있으니 갑목으로서는 죽을 지경이지요.

무술戊戌대운 (가을대운의 끝) : 7세~16세 (1928~1937)

천간과 지지에 토가 들어온 가을대운입니다. 12지에 대한 내용을 잘 모르는 독자들은 금이 지배하는 가을대운에 토가 왔다는 말을 이해하기 어려울 겁니다.

계절의 끝에는 항상 토가 등장합니다.

봄에는 인목과 묘목 뒤에 진토가 나오고 여름은 사화와 오화 다음에 미토가 출현합니다. 가을은 신금과 유금 뒤에 술토가 나타나고 겨울은 해수와 자수 다음에 축토가 나옵니다. 봄은 목이 지배하는 계절이지요. 진토 속에는 자양분이 있습니다. 봄의 흙, 진토는 목의 뿌리를 단단하게 만듭니다. 뿌리가 튼실하면 나무가 잘 자랄 수 있겠지요. 여름은 화의 계절입니다. 한껏 팽창한 화를 미토가 수습합니다. 가을은 금의 계절이지요. 가을의 막바지에 술토가 등장해 다음 계절을 준비합니다. 겨울은 수가 지배하는 계절이라 에너지를 모을 수 있는 축토가 등장합니다. 축토가 자양분을 마련해놓아야 생명이 걱정 없이 태어날 수 있습니다. 12지는 이런 흐름으로 순환하고 있습니다.

김수영은 수가 필요한 명식이니 수가 지배하는 겨울대운이 오면 좋겠지요. 그런데 그가 들어선 대운은 금이 지배하는 가을대운입니다. 게다가 천간은 건조한 토가 걸쳐있으니 답답함이 가중될 수밖에 없겠지요. 연운에서라도 수나 목이 오기를 기대해야겠습니다.

과정 1

1928년, 7세에 보통공립학교에 입학합니다.

명식의 토금도 부담스러운 마당에 대운까지 토가 겹쳐있으니 학교를 다니는 동안 건강 상태가 썩 좋지는 않았겠지요. 호흡기 질환(금이 수로 나가지 못해 생기는 병)이나 소화불량(건조한 토가 수를 흡수하지 못할 때의 증세)으로 고생을 했습니다. 그래도 6학년 여름방학까지는 그런대로 학교를 잘 다녔습니다.

문제는 1934(甲戌)년 가을운동회였습니다. 갑술년은 대운에 있는 토도 처리하기 어려운데 연운에 또 토가 있습니다. 명식에도 건조한 토가 버티고 있습니다. 특이한 건 몰려온 토 중에 습기를 머금은 흙이 없다는 것입니다. 불편한 흙만 들이닥친 거지요. 이렇게 되면 일간은 원하지도 않는데 토금의 공기만 잔뜩 호흡할 수밖에 없습니다.

토의 습격

김수영은 운동회 날 아침부터 머리가 아프고 기운이 없었지만 좀 있으면 나아지려니 싶어 학교에 갔습니다. 모친은 출산한 지 얼마 지나지 않아 산후조리 중이었으므로 부친이 열대과일 바나나까지 사서 아들을 응원하러 갔습니다. 쉽게 접할 수 없는 희귀한 과일이니 선생님도 드리고 아들에게도 먹였습니다. 아침부터 두통을 호소하던 아들이 마음에 걸렸던 아버지는 아이가 바나나를 먹고 힘을 내어 보통학교의 마지막 운동회를 즐길 수 있기를 기대했겠지요.

그런데 생각지도 못한 일이 벌어집니다. 아이는 바나나를 먹고 얼마 지나지 않아 속이 메스껍다고 하더니 구토를 하는 것입니다. 아침나절의 두통도 더 심해져 달리기는커녕 제대로 걷지도 못하고 주저앉고 말았습니다. 아버지는 아이를 등에 둘러업고 급히 병원으로 갔습니다. 병원에서는 장티푸스에 걸렸다며 입원을 권하기에 그렇게 했습니다. 그래도 열은 쉽게 내리지 않았고 뇌수막염과 급성폐렴 같은 합병증까지 생겼습니다.

이 병원 저 병원을 옮겨 다니며 치료를 받았지만 아이는 낫지 않았습니다. 가족은 마지막 방법이라 생각하고 궁궐에서 어의로 지냈다는 유기영에게 갔습니다. 그는 아이의 맥을 짚어 보더니 약재를 주며 달여 먹이라고 했습니다. 한약을 먹으면서 서서히 나아지고는 있었지만 기운을 차리지는 못했습니다. 숟가락을 들 힘도 없어 밥은 떠먹여야 했고 혼자서는 일어설 수도 없었습니다. 이때 부친은 그의 아버지를 떠올렸습니다. 수영의 조부는 생전에 성북동에 있는 냉정 약수터에서 물을 받아와 마셨습니다. 부친은 아들이 좋은 물을 마시면 기운을 얻을지도 모른다는 생각으로 약수터 근처에 방을 구해 아이를 데리고 갔습니다. 그곳에서 지내며 서늘한 공기를 마셔서인지 아이는 차차 나아졌습니다. 한약과 약수 덕분에 수영은 다시 일상으로 돌아왔습니다.

土를 막은 水

여기서 육친 관계를 대입하면 흥미로운 해석이 나옵니다.

김수영에게 토는 아버지를 나타냅니다. 명식에 촉촉한 흙이 없어 아버지와의 관계가 매끄럽지 않다고 보았지요. 건조한 재성(부친)이 운동회 날 건넨 바나나(더운 지역에서 온 열대과일)를 먹고 그는 앓아누웠습니다. 그러다 한약(목)과 약수(수) 덕분에 회복했습니다. 아이가 약수를 마시면 나아질지 모른다는 아버지의 발상은 아이의 조부에게서 비롯된 것이지요.

할아버지는 육친에서 어떤 자리를 차지할까요? 할아버지는 아버지의 아버지지요. 그럼 아버지의 재성만 따지면 되겠군요. 수영에게 토가 아버지니 토의 재성, 즉 토가 극하는 요소만 찾으면 수영의 조부가 나옵니다. 토가 상극하는 오행은 따질 것도 없이 水입니다. 수는 인성이지요.

네. 어머니와 같은 역할을 할 수 있습니다.

아버지(재성)가 준 음식을 먹고 힘들어하다 결국 할아버지(인성)의 평소 습관 덕에 아이가 살아났으니 결과적으로는 재성이 인성을 흡수한 모습이 되었습니다.

김수영은 무술대운 중 갑술년의 가을운동회를 계기로 엄청난 고통을 겪었지요. 이후 1년가량 생사의 고비를 넘나들며 고생을 했습니다. 그가 죽지 않고 살 수 있었던 건 갑술년이 지나고 들어오는 연운 때문입니다. 갑술을 넘기기만 하면 수가 작동하는 해자축 연운이 이어집니다. 특히 1935(乙亥)년은 그에게 필요한 수와 목이 있습니다. 이 을해가 그를 살렸습니다. 천간의 을목은 한약재, 지지의 해수는 약수로 볼 수 있겠네요.

과정 2

1935~1937년(乙亥 丙子 丁丑)

수영의 동급생들은 갑술년 겨울에 중학교 진학시험을 보고 을해년에는 상급학교로 갔습니다. 수영은 경기도립상업학교에 진학하기 위해 을해년 겨울에 시험을 보았습니다. 병치레를 하느라 공부를 제대로 할 수 없었으니 당연히 떨어졌겠지요. 2차 시험은 선린상업학교 주간부에 응시했습니다. 이번에도 떨어졌습니다. 부친은 고민을 했습니다. 1년간 시험공부를 시켜 좋은 학교에 보내야 할지 아니면 그냥 야간부에 등록하는 게 나을지 판단이 서지 않았습니다. 그러다 아들의 건강을 생각해 선린상업학교 야간부라도 가라고 권했습니다.

학교 진학

혹시 이렇게 생각하는 분들이 계실지도 모르겠네요. '아니 연운이 해 자축으로 수가 작동하는데 그럼 원하는 학교를 갈 수 있지 않나? 수는 배우고 익히는 인성이고 그럼 아무리 공부한 게 없다고 하더라도 선린학교 주간부 정도는 가야 하잖아?'

학생이 공부를 잘 하고 또 원하는 상급학교에 진학하려면 일간을 기준으로 관성과 인성이 조화로워야 합니다. 김수영은 인성이 약해 관성과 인성의 균형이 깨져있습니다. 이것은 일간이 공부를 할 때 도와주는 기운(인성)이 부실해 내가 목표한 관성(학교, 직장, 단체 같은 조직)과 관계를 맺기 어렵다는 뜻입니다. 이런 상황에 대운에는 건조한 무술토까지 걸쳐 있으니 인성도 지칩니다. 그래서 일간의 생명에너지가 완전히 소진되지 않게 북돋우는 역할만 할 수 있었던 겁니다.

정유丁酉대운 (가을대운의 절정) : 17세~26세 (1938~1947)

천간은 정화, 지지는 유금이 작동하는 가을대운입니다.

일간이 목이니 정화는 식상이고 유금은 관성이지요. 금이 불편한 명식이니 유금이 온 건 반갑지 않습니다. 그래도 일간의 재능을 발휘할 수 있는 식상이 천간에 드러나 있으니 갑목은 내장된 욕구를 여러 방향으로 표출하려 애씁니다. 다만 水의 흐름이 탄탄하지 못해 일간이 역량을 뿜어내는 과정이 고단할 것입니다.

과정 1

1938년, 선린상업학교 야간부를 졸업합니다. 중학교 과정은 마친 셈입니다. 이후 고등학교 과정을 마치기 위해 선린상업학교 본과(주간부)에 등록했습니다. 친구들의 회고에 따르면 수영은 학창시절, 영어와 한문을 좋아했고 일본어도 능숙했다고 합니다. 중학교 때부터 영어 단어 외우기를 즐겼고 고등학교 때는 영어로 쓰인 문학작품도 읽었다고 합니다.

재능 발견

김수영은 일간이 목이지요. 그가 언어에 재능이 있었다는 건 이렇게 설명할 수 있습니다. 수를 빨아들인 일간 목이 식상 화로 나아가는 작용. 수에 의지한 나무가 태양을 향해 가지와 줄기를 뻗는 것이지요.

1935~1937년은 연운이 을해 병자 정축입니다. 1938~1940년은 무인 기묘 경진입니다. 해자축에서는 수를 보강하고 인묘진에서는 목을 보충할 수 있습니다. 대운에 수가 없어 아쉽긴 하지만 연운에서나마 수목 기운을 채워나갑니다. 일간 갑목이 연운에 의지해 고유한 재능을 발견할 수 있습니다.

과정 2

1941~42년, 선린상업학교를 졸업하고 일본으로 가 잠시 연극연구소에서 연극을 배웠습니다.

1943~44년, 서울의 가족들은 태평양전쟁이 나자 만주로 갔습니다. 일본에서 돌아온 김수영도 만주에서 지냅니다.

1945년, 해방되고 나서는 서울로 돌아와 친구(이종구)와 함께 6개월간 영어교습을 했습니다. 김수영은 〈젊은 베르테르의 슬픔〉의 영어 판본을 구해 학생들에게 가르쳤습니다.

1946년, 연희전문 영문과에 편입했으나 3개월 만에 학교를 떠났습니다. 이때부터 박인환이 꾸리던 헌책방을 드나들며 여러 문인들을 만납니다. 상식적으로 생각하면 김수영의 행동을 납득하기 어렵습니다. 영어에 자신이 있다고 하더라도 영문과에 들어온 이상 과정을 마치는 것이 좋겠지요.

관성과 인성의 부조화

앞에서 김수영은 관성과 인성의 균형이 깨져있다고 했습니다. 그래서 조직의 관리나 통제를 감당하는 것이 불편하다고 보았습니다. 이 문제는 수가 강화되면 해결할 수 있습니다. 1946년은 연운이 병술(丙戌)입니다. 천간은 화, 지지는 토가 지배합니다. 대운은 화와 금이 지배하는 정유대운이지요. 대운과 연운을 합하면 火土金이 강하게 작동합니다. 인성 水는 더욱 약화됩니다.

주변에서는 기왕 들어간 학교 그냥 다니지 왜 그만 둘까 싶지만 일간은 학교에 나가 차분히 공부를 하기 어렵습니다. 학교가 자신을 옥죄는 답답한 공간으로 느껴집니다.

병신丙申대운 (가을대운의 입구) : 27세~36세 (1948~1957)

　김수영은 일간이 목이고 수보다는 금이 많은 명식이었지요.
　습기를 머금은 땅에 뿌리를 내리지 못한 일간 갑목이 병화와 신금이 지배하는 가을대운을 맞았습니다. 줄기와 가지를 쭉쭉 뻗은 나무라면 당연히 가을대운이 반갑겠지요. 날카로운 금으로 자신의 모습을 멋지게 다듬을 수 있으니까요. 약한 나무라도 수만 충분하면 괜찮습니다. 금을 수로 유도해 나무에게 필요한 에너지로 바꿀 수 있습니다.
　김수영의 명식은 금을 수로 전환하기 어렵습니다. 약한 수가 금을 다 처리할 수 없습니다. 그러다 보니 수로 향하지 못한 금은 결국 목을 압박합니다. 가뜩이나 지쳐있는 목이 더욱 위태로운 처지로 내몰리게 됩니다.
　이제 일간을 중심으로 지나온 정유대운과 앞으로 통과해야 할 병신대운의 차이를 생각해봅시다. 일간에게 정화와 병화는 모두 식상이지요. 가을대운이지만 천간에 식상이 있으니 어떤 방식으로든 일간의 존재감이 드러납니다.

丁화와 丙화의 차이

　흥미로운 건 정화와 병화의 양상이 일간이 발휘하는 역량과도 상관이 있다는 점입니다. 정화는 촛불처럼 밝힐 수 있는 공간 범위가 한정돼 있는 약한 빛입니다. 태양을 닮은 병화는 단숨에 넓은 공간을 환히 밝히는 강한 빛입니다.

정화가 지배하는 동안은 일간의 기세도 정화와 같은 형태로 나타납니다. 정유대운은 내가 하고 싶은 것, 내가 잘 할 수 있는 것, 내가 좋아하는 것 등을 찾고 발견하고 더듬어가는 시간입니다. 시선이 주로 일간 주변에 머뭅니다.

병화가 작동하는 시간에는 일간의 시선이 외부를 향합니다. 관심사도 병화처럼 넓은 범위로 확장됩니다. 갑목과 병화의 마주침이 일어나는 것이지요. 우려스러운 것은 수가 부족한 갑목이 병화와 접속하는 시간이다 보니 갑목이 사건이나 사태에도 쉽게 노출된다는 점입니다. 일간이 사태에 휘말리는 것이지요. 이것은 갑목이 원해서라기보다는 시대의 공기가 그렇게 돌아가기 때문입니다.

酉금과 申금의 차이

유금과 신금도 따져보지요. 유금은 지장간에 금만 있습니다. 신금은 다릅니다. 신금 속에는 임수가 있습니다. 일간이 약한 나무라 금은 분명 반갑지 않은 손님입니다. 그래도 유금에 비하면 수를 내장한 신금은 좀 견딜만한 대상이지요.

김수영은 병신대운에 생명의 위협을 느낀 적이 많았습니다. 의용군에 강제로 끌려갔다 탈출한 다음 다시 경찰에 체포돼 포로수용소에 갇혔습니다. 그가 죽지 않고 살아 돌아올 수 있었던 데에는 몇 가지 이유가 있습니다. 약하긴 하지만 그래도 명식 월지를 차지한 해수는 갑목이 스스로 생명을 포기하지 않게 애를 썼겠지요. 또 금이 지배하는 가을대운이지만 병신의 신금에 깃든 임수는 자신의 몫을 해냅니다. 즉 극한 상황에 처하더라도 일간을 도와주는, 일간이 기댈 수 있는 인연을 어떻게든 찾아냅니다. 또 하나, 연운에서 수목이 이어지면 일간은 수목의 기운을 호흡하며 생에 대한 애착을 느낍니다. 결국 월지의 해수, 병신대운의 임수, 연운의 수목이 김수영을 살린 것이지요.

과정 1

1948년, 김수영은 박인환, 임호권, 양병식 등과 '신시론'이라는 동인을 결성합니다.

4월 중순에는 남북한 분단을 막기 위해 작가, 언론인, 학자, 의사, 법률인 등이 '108인 선언'을 발표하며 남북한당국자회담을 요구했습니다. 이후 김구와 김규식이 평양을 다녀오기도 했으나 8월 15일에는 대한민국이, 9월 9일에는 조선민주주의인민공화국이 수립됩니다.

1949년, '신시론'에서 동인지 〈새로운 도시와 시민들의 합창〉을 발행합니다. 김수영도 동인지에 詩 두 편(아메리카 타임지, 공자의 생활난)을 발표합니다.

1950년(경인), 김수영은 김현경과 혼인합니다.

김수영과 김현경

김수영은 친구 이종구의 소개로 김현경이 진명여고에 다닐 때부터 알고 지냈습니다. 김현경은 여학교를 졸업하고 이화여대 영문과에 입학

했습니다. 당시 김현경은 배인철(영문학을 전공하고 대학에서 학생들을 가르쳤다 함, 남로당의 핵심 인물)과 자주 만났습니다. 1947년 5월 어느 날 김현경은 배인철과 함께 장충단 공원을 걷고 있었습니다. 그러던 중 갑자기 총소리가 들렸고 배인철[09]은 그 자리에서 즉사했습니다. 이 일로 김현경 주변의 사람들이 경찰에 불려가 고초를 겪었습니다.

김현경에게 남자가 있었던 것처럼 김수영도 잡지사 여기자, 영어를 가르치기 위해 만나는 여대생과 자주 어울렸습니다. 그런데 김현경이 피격사건에 휘말리면서 다들 김현경 만나는 것을 부담스러워할 때 김수영이 그녀를 감싸주었습니다. 이 일을 계기로 둘은 급격히 가까워졌고 결혼까지 합니다.

김수영과 재성의 관계

육친에서 아내는 아버지와 같은 자리, 재성이지요.

김수영은 일간이 목이니 재성은 토고 명식에 토가 2개 있습니다. 살펴본 것처럼 그의 토는 습기를 함유한 흙이 아니었지요. 일간이 재성과 조화를 이루려면 당연히 재성의 자리에는 나무의 성장을 이끌어낼 수 있는 촉촉한 땅이 있어야 합니다. 재성이 건조한 김수영은 아버지와의 관계에서 불협화음이 있었듯 아내와의 관계에서도 분란이 생길 수 있겠지요. 이것은 어느 한 쪽이 잘못해서 생기는 문제가 아닙니다. 연월일시의 관계가 그렇게 짜여있기 때문입니다.

09   최하림이 쓴 〈김수영 평전〉에는 피습당한 사람의 이름은 나와 있지 않습니다. 김현경이 쓴 〈김수영의 연인〉에는 그 사람이 배인철이라고 명시돼 있습니다

해법이 아주 없는 건 아닙니다. 일간에게 필요한 수목이나 습토(축토, 진토)가 들어오는 시기에 혼인을 하면 혼란을 피할 수 있습니다.

위태로운 일간

김수영은 丙申대운 庚寅년에 혼인을 했습니다. 이제 대운과 연운의 요소들을 따져봅시다. 천간은 타오르는 丙화, 투박한 庚금이 보입니다. 지지는 날카로운 申금, 생명의 기운을 품은 寅목이 있습니다. 신금 속에 임수가 깃들어 있지만 드러난 수는 아니니 수는 없다고 하겠습니다. 인목이 있으니 목은 하나 있다고 해야겠지요.

병신과 경인에서는 火木金이 작동합니다. 일간 갑목이 배우자를 만나 가정을 만들기에 적합한 기운이 아닙니다. 火木金은 약한 목이 불길에 휩싸인 채 금에도 시달리는 모습입니다. 지지를 보면 신금이 인목과 맞닿아 있습니다. 이렇게 되면 일간 갑목은 안락한 가정을 꾸리기는커녕 자신의 생명까지 위태로울 수 있습니다.

과정 2

6월 25일, 남북전쟁이 발발합니다. 서울에 있던 김수영은 8월에 몇몇 문인들과 함께 의용군에 징집돼 북으로 끌려갑니다. 평안남도 개천(북원) 야영훈련소에서 30일 가량을 배고픔과 학대를 견디며 혹독한 훈련을 받았습니다. 이후 전투병으로 평안남도 순천 부근에 배치되었으나 미군의 폭격이 계속되면서 부대원들은 뿔뿔이 흩어졌습니다. 김수영은 근처 민가에서 헌옷을 구해 입었습니다. 훈련할 때 받은 총과 벗어 놓은 군복은 땅에 묻었습니다. 그리고는 남쪽이라 생각되는 길을 따라 무작정 달렸습니다. 얼마 지나지 않아 내무성 소속의 인민군에 발각돼 내무성으로 끌려갔습니다.

인민군은 김수영이 하는 말(나는 의용군 신분으로 북원훈련소에서 훈련을 받고 전선에 배치되었다. 미군의 폭격으로 전열이 무너졌다. 군복과 총은 어딘가에 묻었다)을 믿지 않았습니다. 그 말이 사실이라면 군복과 총을 찾아오라고 했습니다. 의용군이었음을 증명할 수 있는 옷과 총이 없으면 총살하겠다며 위협했습니다. 하는 수없이 언덕과 기슭을 정신 나간 사람처럼 뒤지고 파헤쳤습니다. 결국 사흘 만에 물품을 찾았고 총살을 피할 수 있었습니다.

내무성 군대는 그를 데리고 다시 북으로 갔습니다. 중간에 유엔군의 공격이 있었고 김수영은 그 틈을 이용해 탈출했습니다. 그러고는 내무성 군대가 완전히 빠져나갈 때까지 농가에 숨어 지내다 서울이 있는 쪽으로 걸었습니다. 걷다 지치면 들판의 쌓아놓은 짚더미 속에서 잠시 눈을 붙였습니다. 배가 고프면 옥수수를 꺾어 낱알을 씹어 먹거나 고구마를 뽑아 흙만 털어내고 먹었습니다.

아침저녁으로 찬바람이 불어 몸 상태가 극도로 나빠지고 있을 무렵 김수영은 개성 근처에서 소형 트럭을 몰고 서울로 가는 미군병사를 만났습니다. 김수영은 서울에 간다며 차를 태워달라고 요청했고 병사는 흔쾌히 응했습니다.

과정 3

10월 중순경 서울에 도착한 그는 부모형제를 만나기 위해 충무로로 향했습니다. 충무로4가 파출소 앞을 통과하려는데 순경이 나와 그를 파출소 안으로 끌고 갑니다. 순경은 다짜고짜 의자를 들어 김수영 쪽으로 내리쳤습니다. 의용군에 징집돼 북으로 끌려갔다 탈출했다는 얘기를 해도 사정없이 공격을 했습니다. 정신을 잃었다 깨어나니 중부경찰서였습니다. 경찰서에서도 상황은 마찬가지였습니다. 어머니가 하는 식당 이름을 말하며 확인해보라고 요청해도 소용없었습니다. 구타의 강도는 더 심해졌습니다. 쇠로 된 의자로 얻어맞아 머리는 터지고 무릎 뼈도 어긋나 숨조차 쉴 수 없었습니다.

그는 중부경찰서 유치장에서 2주 정도 수감돼 있다가 10월 말경에는 트럭에 실려 인천 외곽의 수용소로 옮겨졌습니다. 다친 무릎이 안에서 썩어 가는지 구더기가 나오고 통증으로 지쳐갈 무렵 미군 병사 하나가 수용소 천막으로 와서 영어회화가 가능한 사람이 있냐고 물었습니다. 그가 손을 들고 일어서자 병사는 다리의 상처를 보고 기겁을 하며 치료를 받을 수 있게 조치했습니다. 얼마 뒤 수영은 수용소에 있던 사람들과 함께 미군의 LST선박에 실려 인천에서 다시 거제도로 갑니다.

수의 작용

1950년 여름과 가을, 초겨울까지 김수영은 남과 북을 오가며 많은 일을 겪었습니다. 병신대운의 신금과 경인년의 인목이 충돌하면서 일간 갑목이 위태로운 처지로 내몰렸습니다. 일이 흘러가는 상황을 보면 화가 강해지는 여름과 금이 강해지는 가을이 더욱 힘들었을 것 같지요? 수가 작용하는 겨울이 되면서 상황이 조금씩 나아지고 있고요.

과정 4

1950년 12월 말경 가족은 경기도 화성군 발안면으로 피난을 갔습니다. 김현경은 친정 식구와 함께 발안에 먼저 와 있었습니다. 12월 28일 김현경은 아들을 낳았습니다.

김수영이 LST선박을 타고 인천을 떠나 거제도 포로수용소에 도착한 것은 51년 1월(음력 50년 12월)입니다. 수용소의 지휘권은 미군이 갖고 있었고 한국군은 경비만 담당했습니다. 수용소에는 친공포로와 반공포로를 포함해 13만 명이 넘는 포로들이 있었습니다. 친공포로와 반공포로는 서로의 막사를 습격해 이념이 다른 상대방을 칼로 찌르고 눈을 빼내며 잔인하게 죽였습니다. 혼란은 극에 달했고 공포를 견디지 못한 사람들은 스스로 목숨을 끊었습니다.

1951년(辛卯), 천간은 날카로운 금이 버티고 있지만 지지는 생명력이 강한 묘목이 있습니다. 경인년에 시달릴 대로 시달린 일간이 안정감을 얻을 수 있습니다. 묘목이 오면 명식의 해수와 미토도 묘목과 함께 움직입니다. 亥卯未가 한 팀이 돼 일간을 도웁니다.

김수영이 수용소 상황에 진저리를 치고 있을 때 거제도를 떠날 수 있는 기회가 생깁니다. 부산에 있는 미군야전병원으로 가서 통역을 하라는 지시를 받습니다.

묘목의 위력

　김수영은 목이 허약하니 목을 반기는 명식이지요. 그런데 같은 목이라도 반가움의 정도를 따지면 갑목보다는 을목을 좋아하고 인목보다는 묘목을 그리워합니다.

　을목은 생명력이 강하고 부드럽습니다. 성장의 방향도 다양해 일간이 믿고 의지할 수 있습니다. 인목은 시작하는 기운을 품었습니다. 그러다 보니 이것저것 살필 것이 많습니다. 무턱대고 가지와 줄기를 뻗을 수 없습니다. 그런 인목이 한 단계 더 나아간 것이 묘목이니 묘목은 마음껏 자랄 수 있습니다.

　을목과 묘목은 김수영에게 생명에 대한 의지를 불어넣습니다. 살아야겠다는 욕구, 글을 쓰고 말을 하고 소통할 대상을 만나고픈 갈망을 자극합니다.

과정 5

　1952년(壬辰), 천간은 수, 지지는 촉촉한 습토가 지배합니다. 갑목 일간에게 도움이 되는 기운만 왔습니다. 게다가 지지의 진토는 대운의 신금도 변화시킵니다. 진토가 있으면 신금은 목을 건드리지 않습니다. 진토와 결합해 물로 변합니다.

김수영은 51년 봄부터 52년 겨울까지 제14야전병원에서 외과병원장의 통역을 맡았습니다. 군의관과 간호장교의 통역도 했습니다. 시간이 나면 병실로 가서 일손이 필요한 간호사들을 도왔습니다. 미군병원에 근무하다 보니 영어로 된 잡지(〈타임〉, 〈라이프〉)도 쉽게 구해 읽을 수 있었습니다. 의용군에 끌려가 고생했던 일, 경찰서에서의 구타, 수용소에서의 공포에 비하면 야전병원에서의 생활은 평안했습니다.

김수영은 경인년에는 생명의 위협을 느꼈습니다. 전쟁이 나고 많은 일을 겪었습니다. 신묘와 임진의 상황은 달랐습니다. 전쟁은 끝나지 않았지만 지내는 것은 괜찮았습니다. 강한 생명력을 품은 묘목, 나무의 뿌리를 튼튼히 만드는 진토가 연운으로 이어지니 일간 갑목의 처지나 환경이 나아졌을 것입니다.

과정 6

1953년(癸巳), 천간은 수가 있고 지지는 화가 배치된 연운입니다. 이때의 사화는 좀 묘합니다. 대운의 신금과 결합하면 열기 대신 서늘한 공기를 만듭니다. 그게 다가 아닙니다. 일지의 오화, 시지의 미토와 결합하면 이번에는 들끓는 열기로 바뀝니다.

김수영은 열기가 불편한 명식이지요. 게다가 일지는 원래 배우자 자리고 시지의 미토는 육친에서 재성에 해당합니다. 그렇게 따지면 계사년은 배우자 문제로 고민할 수 있겠네요.

어수선한 시간

　김수영은 임진년 겨울에 수용소에서 나왔습니다. 계사년에는 대구와 부산, 서울을 오가며 다양한 일을 했습니다. 대구에서는 미8군 수송관 통역 일, 부산에서는 고등학교 영어교사, 서울에서는 잡지사에서도 잠시 근무했습니다.

　대구에서 통역 일을 하고 있을 때, 김수영은 지인들로부터 아내 김현경이 부산에서 이종구와 살고 있다는 소식을 접했습니다. 그는 곧바로 부산으로 갔습니다. 우선 동생(수성)을 만났습니다. 당시 동생은 부산에서 자취를 하며 일하고 있었습니다. 동생도 형수의 소식을 알고 있었습니다. 형은 동생에게 김현경 얘기는 하지 않고 그냥 통역 일을 그만두고 부산으로 오겠다고 했습니다. 군수물자 수송 통역이 얼마나 구하기 어려운 자리인데 그걸 집어치우겠다니. 동생은 어이가 없었습니다. 형이 부산에 오려는 이유를 동생도 모르지 않았습니다.

　먹고사는 문제로 고민해온 동생은 수입이 괜찮은 일자리를 포기하겠다는 형이 야속했을 테지요. 결국 둘은 크게 다투었고 한동안 말도 하지 않았습니다.

　그는 동생의 반대를 무릅쓰고 미8군을 떠나 부산으로 갔습니다. 며칠 뒤에는 김현경과 이종구가 사는 집에 찾아가 두 사람을 만났습니다. 김현경에게 가자고 했으나 따라 나오지 않자 그냥 혼자 일어섰습니다. 김수영이 다녀간 뒤에도 김현경은 한동안 이종구와 지냈습니다.

　김현경을 만난 후, 김수영은 선린상고에서 영어교사를 잠시 하다가

가을에는 가족이 있는 서울로 갔습니다. 모친과 형제가 살던 보금자리는 온 데 간 데 없고, 설렁탕 가게도 폐허가 돼 있었습니다. 오갈 데 없던 그의 가족은 막내 이모의 인쇄소에 붙어있는 방에서 생활하고 있었습니다.

과정 7

1954년(甲午), 천간은 갑목, 지지는 오화가 작동하는 연운입니다.

대운과 연운에서 수가 비치지 않습니다. 하루하루가 힘겹습니다.

김수영은 목이 필요한 사주입니다. 지금처럼 수도 없고 습토도 없는 상황에서 마주한 목은 어떨까요? 이때의 목은 고단한 일간에 힘을 실어 줄 수 없습니다. 일간의 피폐함을 드러내는 계기판일 뿐입니다.

황폐한 목

이 목은 일간의 분신입니다.

분신은 오랜 시간에 걸쳐 내 안에 차곡차곡 쌓였던 것이 어떤 시간대에 밖으로 드러난 것이지요. 그렇다면 갑오년의 갑목은 밖으로 튀어나온 김수영의 내면이라 생각할 수 있습니다.

북원 훈련소에서의 경험, 의용군 이탈, 내무성에 적발, 다시 탈출, 경찰서에서의 구타, 지옥이 따로 없었던 거제도 포로수용소에서의 겪음은 그의 의식과 무의식을 지배하는 두려움으로 남았습니다. 여기에 장남임에도 부모형제에게 도움이 되기는커녕 짐만 지우는 자신의 무력함, 흔들린 가정에서 오는 불편함도 있습니다.

이런 두려움과 무력감과 불편함이 갑오년의 갑목으로 고스란히 표출되었습니다. 이 시기에 김수영은 술에 취해 살았습니다. 제 발로 집에 걸어온 날보다는 누군가에게 업혀 오거나 끌려오는 날이 더 많았습니다. 와중에 만만한 게 가족인지 모친과 동생들에게 화를 내고 집기를 던지고 욕설을 하며 울분을 토했습니다.

과정 8

1955년(乙未), 천간은 을목, 지지는 미토가 작동하는 연운입니다. 수는 없지만 그래도 생명력이 강한 을목이 있어 그런대로 반갑습니다.

김수영은 대운이나 연운에서 을목과 묘목이 오면 안정감을 얻는 명식입니다. 을목과 묘목은 부드럽고 유연한 나무로 생명력이 강해 일간이 의지할 수 있습니다.

재미있는 건 을묘목이 있으면 재성과도 화합할 수 있다는 겁니다.

을목은 일간과 합세해 재성 토의 분위기를 개선합니다. 지루한 모습만 보이던 땅에 생장 의지를 품은 식물들을 옮겨 심은 것과 같습니다. 이렇게 되면 이전까지는 제 몫을 할 수 없었던 재성도 일간에게 도움이 되는 방향으로 움직입니다. 재성의 위상이 높아집니다.

묘목이 와도 좋습니다.

김수영은 월지에 해수, 시지에 미토가 있지요. 묘목은 해수와도 결합하고 미토와도 어울립니다. 해묘미가 한 팀이 돼 일간을 돕습니다. 인성과 재성이 일간의 활동을 빛나게 만듭니다.

되찾은 일상

　김현경과 김수영이 떨어져 지내는 동안 김수영은 간호사와 잠시 사귄 적이 있었습니다. 의사와의 혼담도 있었습니다. 그는 망설였습니다. 의사와 결혼하면 생활은 넉넉해지겠죠. 하지만 안락하고 평안한 분위기에서 시를 쓰는 자신을 상상할 수 없었습니다. 아니 그런 환경에서 나온 시는 자신의 시가 아니라고 생각했습니다.

　이런저런 생각으로 방황하고 있을 때 박인환이 나섰습니다. 자식이 있으면 부부는 쉽게 갈라설 수 없다면서 김현경과 함께 살라고 조언했습니다. 이즈음 김현경도 이종구와의 인연이 다했던지 서울로 와 시누이 김수명을 만났고 김수영도 만났습니다. 돌아온 아내에게 남편은 아무 말도 하지 않았습니다.

　54년 겨울과 55년 봄 사이, 두 사람은 다시 결합합니다.

　부부가 다시 가정을 이룬 데에는 연운도 영향을 끼쳤습니다.

　천간에 을목이 있고 지지에도 재성이 찾아오니 부부의 인연이 다시 이어졌을 것입니다. 다시 만난 부부는 성북동에서 얼마간 지내다 한강이 보이는 마포 구수동으로 이사했습니다. 집은 허름했지만 마당이 넓어 돼지도 키우고 토끼도 키우고 닭도 키웠습니다. 다섯 살 된 아들은 뛰어놀기에 바빴습니다. 남편은 서재에서 시를 쓰고 번역을 하며 지냈습니다. 아내는 아내대로 집 단장을 하느라 분주한 시간을 보냈습니다.

을미 갑오 계사 乙未 甲午 癸巳로 이어가는 30년 여름대운

촉촉한 흙에 뿌리내리지 못한 나무가 열기가 몰려오는 여름대운을 만났습니다. 수가 부족한 상태에서 들끓는 여름을 통과해야 합니다. 김수영은 음의 해에 태어났으니 대운이 거꾸로 흐르지요. 그의 시간은 여름 끝을 거쳐 여름 한복판, 여름의 입구를 향해 흐릅니다.

여름대운 30년을 통과하고 나면 봄대운을 만나고 봄대운이 지나면 겨울대운을 호흡하겠지요. 수가 아쉬운 운명이니 겨울대운부터 만났으면 좋았겠지요. 그랬다면 시도 쓰고 소설도 쓰고 희곡작품도 발표했을 것입니다. 자신이 만든 작품을 직접 연출하고 출연까지 했을지 모릅니다.

원래 나무는 여름날의 태양을 싫어하지 않습니다. 나무로 태어나면 태양빛을 따라 줄기와 가지를 거침없이 뻗고 싶습니다. 물도 부족하고 자양분도 충분치 않아 지쳐있는 나무는 여름빛이 반갑지 않습니다. 나무로 났으니 속마음이야 하늘을 향해 솟아오르고 싶지만 뿜어낼 에너지가 없어 답답할 뿐입니다. 차라리 해가 지고 어서 빨리 어둠이 찾아오기를 간절히 바랍니다.

세상과 독자를 매개하고 싶은 나무

일간이 갑목인 김수영도 자신의 에너지를 분출하려는 속성(식상)이 있습니다. 자신의 재주와 능력을 세상에 펼쳐 보이고 싶은 거지요. 더불어 자신의 작품 활동이 혼탁한 시대를 조금이라도 개선할 수 있기를 희망합니다. 자신의 시를 읽은 독자가 어수선한 시대의 공기를 제대로 인식해주기 바랍니다.

 습토도 없고 수도 부족했던 김수영은 겨울대운을 조우하지 못하고 떠났습니다. 작품 활동도 오래 하지는 못했습니다. 여름대운 중, 그나마 생명력이 강한 을목이 들어온 을미대운 10년 동안 읽고 쓰고 번역하고 그냥 떠나버린 셈입니다.

 습기가 부족한 사람이 이 을목에 의지해 자신이 할 수 있었던 최선의 활동을 하고 떠났다 생각하면 그의 글을 읽는 한 사람의 독자로서 그만 쓸쓸해지고 맙니다.

연운과 대운

 우리는 좀 전에 김수영의 병신대운 을미년을 살폈습니다. 4년간이나 떨어져 지냈던 부부가 다시 만나 가정을 이루고 이사를 하고 일상을 꾸리는 과정을 보았습니다. 을미년에 그는 시를 쓰고 또 다듬고, 의뢰받은 번역원고를 매만지며 그런대로 평안한 시간을 보냈습니다. 이런 활동은 을미대운에 접어들면 좀 더 확대되고 확충된 양상으로 이어질 것입니다.

 수가 작동하는 연운에서는 김수영의 발길도 물길을 따라 흐르느라 몹시 분주해지겠지요.

을미乙未대운 (여름대운의 끝) : 37세~46세까지 (1958~1967)

천간은 여러 방향으로 생명력을 분출하는 부드럽고 유연한 을목이 있고 지지는 목을 품은 미토가 왔습니다.

성장방향을 위쪽으로 두는 갑목은 시선을 여러 방향으로 분산하기 어렵습니다. 꼿꼿한 자세를 쉽게 포기하지 않으니 강직하다는 소리는 듣지만 관점을 고루 갖추기는 힘듭니다.

을목은 여러 곳을 살핍니다. 가지와 줄기가 위쪽으로도 나가고 아래로도 뻗습니다. 왼쪽으로도 향하고 오른 편으로도 퍼져나갑니다. 장애물을 만나면 거의 부러질 정도로 구부리며 다시 방향을 더듬어 나갑니다.

을목의 시선이 미치지 않는 곳은 없습니다. 자신보다 약한 풀포기도 만나고 과자 부스러기를 이고 가는 개미도 만납니다. 쓰레기 더미를 뚫고 나온 잡초도 보고 누군가의 발에 허리가 꺾인 곤충도 기억합니다. 을목의 섬세함은 이런 과정을 거쳐 터득한 것입니다.

을목의 정서를 호흡하는 일간

갑목도 힘이 있고 을목도 힘을 지녔습니다.

갑목은 강하게 뚫고 나오는 힘, 시작하는 힘, 솟구치는 생명력으로 정의할 수 있지요. 을목[10]은 방향을 트는 힘, 주변을 살피는 힘, 부드러운 생명에너지로 이해할 수 있습니다.

김수영은 일간이 갑목이니 갑목의 기질과 속성을 지녔겠지요. 재미있

---

10 김수영의 명식에 을목이나 묘목이 있었다면 인생살이가 조금은 수월했을 것입니다. 대운이 을묘나 을해로 흘렀어도 괜찮았겠지요.

는 건 을미대운이 오면 을목의 품성을 발휘한다는 것입니다. 감각은 예민해지고 시선은 더욱 다채로워질 것입니다. 큰 목소리와 강한 외침에 가려진 숨죽인 탄식과 절망도 세세히 살피겠지요.

과정 1

1958년(戊戌), 천간과 지지에 건조한 무토와 술토가 보입니다.

여름에는 둘째 아들이 태어나고 가을에는 시인협회로부터 상을 받습니다.

김수영은 수와 목이 필요한 명식이지요. 그렇다면 자식을 얻더라도 수와 목이 있는 해가 좋겠지요. 그런데 마른 토가 들어온 해에 자식을 낳았습니다.

생전에 김수영은 부부가 함께 살면서 낳은 아이여서 그랬는지는 몰라도 둘째 아들을 특별히 좋아했다고 합니다. 부모의 입장에서는 자식이니 당연히 귀엽고 사랑스러울 테지요. 명식을 고려하면 무술생 아들은 김수영과 인연이 길게 이어지기 어렵습니다.

1959~1961년(己亥 庚子 辛丑)

천간은 토금이 있고 지지는 수와 습토가 이어가는 기해 경자 신축 연운입니다. 일간의 발걸음이 물길을 따라 움직입니다.

학생혁명이 났을 때는 열렬히 환호하며 시위에 동참했습니다.

〈그놈의 사진을 떼어서 밑씻개로 하자〉, 〈가다오, 나가다오〉, 〈육법전서와 혁명〉, 〈푸른 하늘을〉 등의 시와 몇 편의 산문을 발표했습니다.

이승만이 물러나고 장면 정부가 들어섰지만 얼마 지나지 않아 군사쿠데타가 발생했습니다. 김수영은 참을 수 없는 분노와 슬픔을 느꼈습니다. 발표한 시들을 생각하니 두려움도 생겼습니다.

군사쿠데타가 난 61년 5월 16일, 김수영은 어딘가로 사라졌습니다. 서정주와 조지훈이 쿠데타를 일으킨 군대에 끌려갔다는 소식이 전해진 뒤라 집에서는 그도 연행됐을지 모른다며 걱정을 했습니다.

김수영은 1주일 뒤에 머리를 빡빡 깎은 모습으로 나타났습니다. 그는 자신도 잡혀갈지 모른다는 공포를 느꼈고 그래서 친구, 김이석의 집에 숨어 있었다고 했습니다.

얼마 뒤 그는 〈격문檄文〉이라는 시를 썼습니다. 이 시에서 그는 자신이 버리겠다는 것들을 하나하나 열거합니다. 몸부림도, 양복도, 다방도, 골목길 순례도, 허세도, 모방도, 증오도, 굴욕도, 잡념까지도 깨끗이 버리겠다고 합니다. 그러고는 편편해지는 항목들을 다시 나열합니다.

땅, 집, 하늘, 물, 도회와 시골, 신문, 하수도가 편편하고 펌프의 물이 시원하게 쏟아져 나온다고 어머니가 감탄하니 과연 시원하다고 합니다.

〈격문〉은 김수영이 자신을 비웃는 시로 읽을 수 있습니다.

시에는 불편하고 불안한 그의 마음이 담겨 있습니다. 혁명에 도취했던 자신을 비웃는 탄식, 혁명을 지지했던 자신의 시도 가짜일지 모른다는 자괴감도 들어있습니다.

예술가의 현실 개입

여기서 하나 생각해볼 것이 있습니다. 예술가의 현실 참여 문제입니다. 창작활동을 하는 사람들 중에는 현실 문제에 직접 관여하는 경우도 있고 어느 정도 거리를 두면서 냉철한 시선으로 문제를 인식하는 경우도 있습니다. 더러는 자신의 이득을 위해 힘 있는 세력(기득권을 가진 집단)과 결탁하는 창작자도 있습니다.

예술가는 인생에서 무언가를 발견하는 사람이지요.
일반인들은 쉽게 감지하기 어려운 진실이나 진리를 포착하고 그것을 작품으로 표현(구현)하는 사람입니다. 그들보다 둔감한 우리는 그들의 작품을 보며 그들이 건져 올린 진실 혹은 진리를 만나는 것이지요.
흥미로운 점은 예술가의 현실 참여도 운명과 연관이 있다는 겁니다.

문제 해결에 나서는 창작자

관성과 식상이 조화로운 운명으로 태어난 예술가는 정치문제, 경제문제, 사회문제를 개선하기 위해 나서야 합니다. 그의 활동은 자신에게도 이롭고 사회에도 유익한 결과를 가져옵니다.
관성이 유리하게 작용하는 사람은 정치권력을 거세게 비판해도 괜찮습니다. 괜찮은 정도가 아니라 그 일로 작업을 의뢰 받고 돈도 벌고 명성까지 얻습니다.

문제를 인식하고 기록하는 창작자

관성이 불편한 사람은 어떨까요?

관성의 피해를 볼 수 있습니다. 공권력에 맞설 수 있는 구조가 아니기 때문이지요. 이런 사람은 직접 행동하는 것보다는 사태를 예리하게 분석하고 그것을 작품으로 표현하는 일에 매진해야 합니다.

김수영도 그렇습니다. 일간이 갑목인데 나무를 억압하는 관성 금은 3개나 있습니다. 관성은 자신을 제어하고 성찰하는 능력, 나를 억압하는 기운이나 조직을 의미합니다.

관성이 3개나 되는 김수영은 이미 너무 많이 자신을 제어하고 있다고 봐야겠지요. 그는 누가 시키지 않아도 스스로 반성문을 쓸 준비를 하고 있는 사람입니다. 그래서 그는 詩에서도 자신이 저지른 자랑스럽지 않은 행동을, 그것도 드러내면 체면이나 위신에 타격을 가할 장면들을 마치 사진기로 찍어내듯 담아냈습니다.

그런 사람이니 긴박한 사건이나 사고가 발생하면 자신도 시대가 요구하는 몫을 해야 한다는 강박에서 자유로울 수 없었겠지요. 그러나 관성이 부담스러운 김수영은 현장에 뛰어드는 행동가보다는 예민한 관찰자가 어울립니다. 아니 현장에 나서지도 않고 어떻게 관찰이나 기록을 할 수 있냐고요?

그는 사건과 사고가 발생한 현장에서는 무엇을 읽어내기가 쉽지 않은 명식입니다. 광장(火土의 기운이 강한 공간)에서는, 군중 속에서는 냉철한 자기만의 시선을 발휘하기 어렵습니다.

그는 무리에서 떨어져 나와, 홀로 읽고 쓰고 생각하는 과정(인성에 의지)에서 사유가 진전되는 운명입니다.

김수영은 1960년 4월, 학생혁명이 나자 거리로 나가 집회와 시위에 동참했고 작품도 많이 발표했습니다. 을미대운 중 수가 들어온 연운(수가 강한 경자년)이라 흐르는 물을 따라 그의 발길도 자연스레 광장이나 거리, 운동장, 집회장 등 사람들이 많이 모이는 공간으로 이어졌습니다.

대운에는 부드럽고 유연한 을목이 있고 연운에는 자수가 있어 일간을 지켜주니 火土가 작동하는 곳에서도 무사했습니다. 이 부분은 병신대운 경인년과 비교해볼 만 하지요?

거래하는 창작자

이제 이득에 끌리는 창작자도 살펴봅시다.

식상과 재성, 관성이 잘 연결된 명식의 창작자는 기득권과 거래를 할 수 있습니다. 정치권력에 편승하기도 하고 문화권력자가 되기도 합니다. 식상으로 남다른 예술적 능력을 발휘하고, 재성으로 부를 축적하고, 관성으로는 권력을 행사하는 것이지요. 식재관이 순조로운 창작자는 작품 활동으로 재물을 쌓고 그것이 또 힘을 갖는 흐름을 이용할 수 있습니다.

원래 식재관이 위력을 발휘하는 운명은 사업가가 되면 좋습니다. 한데 감수성이 정교하고 세련된 사람들은 사업가 대신 창작자가 돼 작품 활동을 합니다.

예술가가 작품으로 돈을 벌고 힘을 갖는 것을 무조건 나쁘다고 할 수는 없습니다. 삶의 진실을 발견하기 위해 애쓰고 노력한 시간이 있었다면, 작품이 대중의 감각을 일깨우는 데 기여했다면 당연히 대가를 받아야지요. 그래야 창작이라는 활동을 이어갈 수 있습니다.

문제는 그런 과정이 너무 오래 반복되는 것이지요.

자신만 왕성한 활동을 하는 건 문제가 있습니다. 자기가 승승장구하는 동안 동료나 선배 혹은 후배들은 작품을 발표할 기회조차 얻지 못하고 있는 게 아닌지도 생각해봐야 합니다.

이런 반응이 나올 수 있습니다.

"아니, 그들 문제는 그들이 알아서 할 일이지, 그걸 왜 내가 챙겨야 해? 작품이 근사하면 발표도 하고 돈도 벌고 인정도 받고 그렇게 돌아가겠지. 작품이 형편없으니 소개도 안 되겠지."

이건 두 가지 방향에서 접근할 수 있습니다.

첫째, 앞서가는 그 사람, 식재관이 발달된 그를 위해서입니다.

이미 많은 성공을 거둔 사람은 실은 어느 정도 도취해 있을 수 있습니다. 처음에는 자기가 잘나서, 독창성이 있어서 주목받았는지 모르지만 어느 순간부터는 인정집단의 지지에 힘입어 기계적으로 작업을 해왔는지도 모릅니다. 자신은 그걸 잘 모르지요. 비교 대상이 없으니까요.

이럴 때 다른 창작자들이 등장하고 그들의 작품이 쏟아져 나오는 것은 반가운 일입니다. 그들은 작품을 발표하고 평가를 받을 수 있어 좋습니다. 식재관이 힘을 발휘하는 그 사람도 감각, 재주, 역량을 새롭게 고양할 수 있으니 기쁘지요.

둘째, 예술가들이 만든 작품을 누리고 즐기는 우리를 위해서입니다.

우리사회에는 음악·회화·문학·건축·무용·영화·연극 등 어느 분야에서나 너무 많이 활동하는 사람들(그들 중 상당수는 식재관이 잘 연결된 명식을 타고났겠지요)이 있습니다. 물론 뛰어난 발상과 예민한 시선으로 명쾌한 작품을 선보인다고 생각하면 당연하게 여길 수 있습니다.

따지고 보면 자연스럽지 않은 일입니다.

아무리 대가라 하더라도 한 사람이 표현할 수 있는 삶의 진실, 예술적 진정성은 한계가 있습니다. 명성을 얻은 사람이 자신의 명성에 걸맞은 작품 활동을 하는 건 좋습니다. 하지만 그의 작품을 향유하는 우리는 좀 아쉬운 구석이 있습니다. 다른 이의 작품을 감상할 기회를 놓치는 것이기도 하니까요. 물론 세심하고도 예리한 누군가는 숨어있는 작품을 찾아내 발견의 기쁨을 맛보겠지요.

대다수 사람들은 그러기 어렵지요. 눈에 띄는 것, 많이 알려진 것, 사람들이 좋다고 하는 것을 선택하기 쉽습니다. 그러면서 자기만의 감각, 자신만의 감수성을 잃어가고 있지요.

우리는 서로 다른 운명을 가지고 태어납니다.

감각이나 기질, 본성도 다를 수밖에 없습니다. 그런데도 남들이 보는 책을 읽고 많은 사람이 보았다는 영화를 봅니다. 텔레비전에서 소개하는 요리법을 너도나도 따라합니다. 이렇게 하는 동안 우리 안에 내장된 무수한 감각들은 사라지고 맙니다. 감각의 다층화가 일어나지 않습니다.

운명이 다르면 감지할 수 있는 감각도 다르고 정서도 다릅니다.

식재관이 잘 발달된 창작자들은 다른 예술가들의 활동도 챙기는 것이 좋습니다. 동료들의 작품도 주목받을 수 있게 신경을 써야 합니다.

과정 2

1962~1964년(壬寅 癸卯 甲辰)

천간은 수와 목, 지지는 목과 습토가 보이는 임인 계묘 갑진 연운입니다. 김수영에게 꼭 필요한 기운들만 모여 있습니다. 명식의 흠결을 해결할 수 있는 기간입니다. 수가 충분하니 금을 수로 유도할 수 있고 마른 흙을 적실 수 있습니다. 목도 탄탄해지는 시기니 모처럼 일간 갑목이 에너지의 고갈을 걱정하지 않고 활동할 수 있습니다.

아쉬운 것은 이것이 대운이 아니고 연운이라는 것이지요.

이 시기에 그는 〈죄와 벌〉, 〈우리들의 웃음〉, 〈거대한 뿌리〉 등의 시를 썼고 〈자유의 회복〉, 〈요동하는 포즈들〉, 〈생활현실과 시〉 등의 산문도 발표했습니다.

과정 3

1965~1967년(乙巳 丙午 丁未)

천간은 목과 화, 지지는 화와 토가 배치된 을사 병오 정미 연운입니다. 직전에 만난 연운과는 완전히 다른 분위기에 접어들었습니다.

일간이 갑목인 김수영에게 화는 식상이지요.

식상은 일간의 재주와 능력을 분출하는 기운입니다. 식상이 강하게 작동하면 나의 역량이 세상에 드러납니다. 이 식상은 재성으로 향합니다. 재성은 관성을 향해 갑니다. 즉 목에서 화로 이어지고 다시 토로 연결되고 금으로 나아갑니다.

문제는 그다음입니다. 금을 내보낼 수만 충분하면 걱정할 필요가 없습니다. 김수영은 수가 부족한 명식이지요. 금이 수로 매끄럽게 이어지지 않습니다. 금생수가 되지 않으니 수생목이 일어나기 어렵습니다.

에너지의 고갈

나무가 태양을 향해 줄기와 가지를 펼치려면 당연히 물과 자양분을 공급받아야 합니다. 일간 갑목이 세상에 나가 자신의 감각과 실력을 발휘하려면 지속적인 에너지의 유입이 있어야 합니다. 에너지를 제공받지 못한 생명체는 활동을 꾸준히 해나갈 수 없습니다. 휘발유가 바닥난 자동차가 도로를 달릴 수 없는 것과도 같습니다.

김수영은 목화토가 배치된 시기(1965~1967년)에 많은 작업을 했습니다. 이어령, 유종호, 김춘수 등과 함께 계간 〈한국문학〉에 참여했고 문예지와 신문에 시, 시론, 시평을 발표했습니다. 문필가가 글을 통해 자신의 사유를 전개해나가는 것은 너무도 자연스럽습니다.

그러나 지금은 화는 달아오르고 흙은 지쳐가고 금도 불편한 때입니다. 일간 갑목이 의지할 데라고는 명식 월지의 해수, 대운의 을목 정도인데 해수와 을목도 사정이 나쁩니다. 해수도 지칠 대로 지친 상태라 일간을 도우기 어렵고 을목도 물러날 준비를 하느라 힘을 발휘하지 못합니다. 상황이 이렇다 보니 일간이 활동을 하더라도 그것이 언제까지 이어질 수 있을지 매우 우려스럽습니다. 더욱 걱정스러운 것은 이제 곧 들어올 대운이 여름의 한복판, 갑오라는 것입니다.

갑오甲午대운 (여름대운의 절정) : 47세~56세까지 (1968~1977)

촉촉한 땅에 뿌리내리지 못하고 물도 부족한 나무가 성장을 방해하는 열기(화)와 칼날(금)과 팍팍한 토양(토) 속에서 마흔 여섯 해를 견뎠습니다.

대운도 나무를 돕는 방향으로 흐르지 않았습니다.

처음 만난 대운은 나무의 성장을 짓누르는 가을대운 30년(무술 정유 병신)이었습니다. 그 다음은 을미 갑오 계사로 연결된 여름대운입니다. 그래도 을미는 견딜 만했습니다. 이글거리는 계절의 참모습을 본격적으로 드러내는 여름 한복판은 아니었으니까요. 더러는 연운에서나마 일간에게 유리한 기운들이 무슨 선물처럼 찾아들기도 했습니다.

그런 기회를 이용해 일간 갑목은 자신이 할 수 있는 것들, 해야 하는 작업들을 성실히 수행하고 차곡차곡 쌓았습니다. 그러는 사이 태양은 작열하고 땅은 뜨겁고 나무는 지쳐가는 갑오대운이 왔습니다.

갑오는 김수영의 일주와 같은 기운이지요. 김수영은 자신과 같은 갑오 기운을 연운(1954, 갑오년)에서 한 번 만난 적이 있습니다. 1954년은 그에게 무척 힘든 해였습니다. 그때 만난 갑목은 고단한 일간에 힘을 주는 게 아니라 일간의 피폐함을 드러내는 것이라 보았습니다. 이 내용이 잘 기억나지 않는 분은 그 부분을 찾아보고 오시기 바랍니다.

흔들리는 운명

연운은 1년 동안 머무는 기운이고 대운은 10년간 지배하는 기운입니다. 명식이 안정된 구조면 좀 불리한 운이 와도 까딱없습니다. 1년이건 10년이건 상관없습니다. 거뜬히 관통해나갑니다.

김수영은 그러기 어려운 명식을 타고났습니다. 일간 갑목이 나무라 생명 의지를 쉽게 포기하지는 않습니다. 을목만큼은 아니지만 그래도 안간힘을 발휘해 성장을 이어가려 합니다. 그러나 에너지의 고갈은 어쩔 수 없습니다. 그것은 의지나 정신으로 해결할 수 없는, 물리적 힘이 작용하는 것입니다.

김수영은 갑오대운이 들어온 첫 해에 교통사고로 사망했습니다. 명식과 대운을 감안하면 갑오대운을 통과하는 것이 쉽지 않아 보입니다. 그래도 대운이 바뀌자마자 곧바로 세상을 떠난 것은 안타까운 일이지요.

과정

1968~1970년(戊申 己酉 庚戌)

천간도 토금, 지지도 토금이 들어온 무신 기유 경술 연운입니다. 대운은 달아오를 대로 달아오른 화가 통제하고 연운은 토금이 지배하는 火土金 시절을 만났습니다. 야속하다 못해 원망스런 기운만 들어왔습니다. 일간 갑목이 부담스러워하는 요소들이 마치 서로 약속이나 한 듯 한꺼번에 들이닥쳤습니다.

1968년 2월, 평론 〈지식인의 사회참여〉를 발표한 후 이어령과 문학의 자유와 진보적 자세에 대해 다섯 차례 논쟁(2월28일~3월 28일까지 조선일보에 소개)을 펼쳤습니다.

4월, 펜클럽이 주도한 부산 문학세미나에서 '시여, 침을 뱉어라'라는 제목으로 강연을 했습니다.

6월 15일, 급히 돈을 쓸 일이 있다는 김현경의 말이 생각나, 번역한 원고의 원고료를 받기 위해 외출했습니다. 출판사에서 돈을 받은 다음 아내에게 건넬 몫은 양복 안 주머니에 단단히 넣고 술값으로 쓸 일부만 따로 챙겼습니다. 그 돈으로 몇 몇 친구와 이곳저곳 옮겨 다니며 술을 마셨습니다. 그런 다음 귀가하기 위해 버스를 탔고 밤 11시 20분쯤 시금치 밭이 보이는 구수동 정류장에 내렸습니다.

차도를 피해 인도로 올라서서 집을 향해 몇 발자국 옮기던 그를 버스 한 대가 들이받았습니다. 그를 친 버스는 옆에서 바짝 다가오는 다른 버스를 피하기 위해 행인이 다니는 갓길로 올라섰던 것입니다.

김수영은 근처 작은 병원에 실려 갔다가 그곳에서는 손을 쓸 수 없다고 해 다시 적십자병원으로 옮겨졌습니다.

그 시각 김현경은 동네 아낙네로부터 "저 아래에서 교통사고가 났는데 혹시 이 댁 양반인지도 모르니 알아보라."는 기별을 접했습니다. 김현경은 급히 파출소를 찾아갔으나 순경들은 사고가 난 것도 모르고 있었습니다.

하는 수 없이 이 병원 저 병원을 돌며 교통사고 환자가 있는지 물었고 한 곳에서 적십자병원으로 보냈다는 얘기를 들었습니다. 김현경이 적십자병원 응급실에 도착해보니 김수영은 피멍이 든 몸으로 산소호흡기를 꼽고 가래 끓는 소리를 그렁거리며 숨도 제대로 쉬지 못하고 있었습니다.

날이 바뀌고 새벽이 되었지만 상태는 나아지지 않았고 6월 16일 아침 8시 50분에 호흡은 완전히 멈추고 말았습니다.

6월 18일, 예총회관 광장에서 문인장 형식으로 장례를 치렀습니다. 가족은 그의 시신을 도봉동의 선산에 묻었습니다.

그가 떠난 후 친지와 문인들은 묘비를 세워 그를 기억했고 작품집이 발간되는 것에도 신경을 썼습니다. 1974년 시선집 〈거대한 뿌리〉, 1975년 산문선집 〈시여, 침을 뱉어라〉가 나왔습니다. 1982년에는 〈김수영

전집〉이 출판되었고 '김수영문학상'도 제정되었습니다. 2001년에는 시인 최하림이 쓴 〈김수영 평전〉이 출간되었습니다.

마지막 하루

여기서 김수영이 사고를 당한 날의 간지를 보겠습니다.

대운은 갑오, 연운은 무신, 달은 무오, 날은 병진입니다. 화토금이 요동을 치고 있습니다. 길거리는 화와 토가 빚어내는 기운이고 자동차는 토와 금의 접속으로 이해할 수 있습니다.

일간 갑목의 생명을 지켜주는 수목 기운은 부족하고 위협하는 기운만 널려 있습니다. 사고는 병진일에 났고 이어지는 날도 흐름이 나쁩니다. 정사 무오 기미 경신 신유, 화토금으로 전개됩니다. 안타까울 따름입니다.

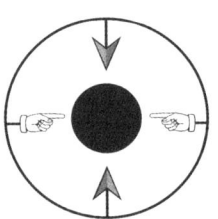

지금까지 이상과 김수영의 운명을 살폈습니다.

그들의 명식과 대운을 똑 같은 방식으로 분석했습니다.

처음에는 음양의 균형을 보았고 다음은 육친을 대입했습니다. 그다음은 일간을 따졌고 다시 부족한 오행으로 확인했습니다.

두 사람의 사주를 같은 단계로 접근한 데에는 이유가 있습니다.

그들이 비슷한 일을 했던 사람이어서일까요? 그렇지 않습니다.

사주를 어떻게 판단하는지 알려줄 때 이보다 더 쉬운 해법은 없기 때문입니다. 과정을 바꾸어 접근하면 독자 입장에서는 이해하기도 어렵고 또 헷갈릴 수 있습니다. 자신의 연월일시를 뽑아놓고도 이해할 수 없어 안타까워하는 독자가 있다면 이상과 김수영의 운명에 접근했던 방법대로 따라 해 보시기 바랍니다.

사주를 해석하는 방법은 정말 많습니다.

이 책에서는 음양의 균형, 육친, 일간, 부족한 오행이라는 잣대로 명식을 풀었지만 다른 방법으로도 얼마든지 설명할 수 있습니다. 같은 사주도 해석자가 다르면 풀어가는 방식, 접근하는 과정이 다를 수밖에 없습니다.

부디 이 책에서 안내한 해법을 훌쩍 뛰어넘는 색다른 방식을 찾아내시기 바랍니다.

참고 문헌

이상

〈이상 평전〉

고은 지음 | 발행사 : 향연 | 발행년도 : 2003

〈한국근대작가 12인의 초상〉

이상진 지음 | 발행사 : 옛오늘 | 발행년도 : 2004

〈이상〉

이진우 지음 | 발행사 : 여러누리 | 발행년도 : 2006

〈이상 작품집〉

이상 지음, 이재복 엮음 | 발행사 : 지식을만드는지식 | 발행년도 : 2008

〈이상평전 : 모조 근대의 살해자 이상, 그의 삶과 예술〉

김민수 지음 | 발행사 : 그린비출판사 | 발행년도 : 2012

〈이상 텍스트 연구 : 이상을 다시 묻다〉

권영민 엮음 | 발행사 : 웅진씽크빅 뿔 | 발행년도 : 2009

김수영

〈거대한 뿌리여, 괴기한 청년들이여 : 김수영 40주기 기념 시집〉

서동욱;김행숙 엮음 | 발행사 : 민음사 | 발행년도 : 2008

〈김수영 평전〉

최하림 지음 | 발행사 : 실천문학사 | 발행년도 : 2001

〈김수영을 읽는다〉

오봉옥 지음 | 발행사 : 랜덤하우스중앙 | 발행년도 : 2005

〈김수영의 시와 언어〉

여태천 지음 | 발행사 : 월인 | 발행년도 : 2005

〈김수영, 혹은 시적 양심〉

이은정 지음 | 발행사 : 살림 | 발행년도 : 2006

〈김수영의 연인 : 김현경 에세이〉

김현경 지음 | 발행사 : 책읽는오두막 | 발행년도 : 2013

쓰는 운명 이상, 김수영
사주명리로 다가간 작가의 생애

ⓒ 박민재 2016

발행일 2016년 4월 15일 초판 발행 | **지은이** 박민재
펴낸 곳 봄꽃 여름숲 가을열매 겨울뿌리 | **등록** 2015년 6월 16일 제 2015-00189호
주소 서울시 마포구 월드컵북로 31길 26, 301호 | **대표전화** 02-308-2461
팩스 0505-312-3116 | **블로그** blog.naver.com/seasonsinthelife
이메일 seasonsinthelife@naver.com
ISBN 979.11.955785.2.8 (03100)

이 책의 저작권은 저자에게 있으며 저작권법에 따라 보호를 받는 저작물이므로 무단 전재와
복제를 금합니다. 정가는 뒤표지에 있습니다. 잘못된 책은 구입하신 곳에서 교환해 드립니다.
이 도서의 국립중앙도서관 출판예정도서목록(CIP)은 서지정보유통지원시스템 홈페이지
(http://seoji.nl.go.kr)와 국가자료공동목록시스템(http://seoji.nl.go.kr/kolisnet)에서
이용하실 수 있습니다. (CIP 제어번호: CIP2016008383)